世紀の定規は六〇対四〇のバランスである

徒歩での日本一周の果てにたどり着いた真理

藤巻仁司
FUJIMAKI Kimitsugu

文芸社

はじめに　体解——行動で実証するお釈迦様の教えを実践

言葉で論証するのではなく行動で実証するお釈迦様の教え〝体解《たいげ》〟に私は感動を受け、ある日受けた啓示に従って、歩いて日本を一周する計画を立て、実行する決断をした。

歩くにあたっては一日から数日の旅程を組んだ。一日目は夜を徹して歩き続けて約六〇キロ、二日目に宿泊する際も翌日は午前二時頃には出発するなどのルールを決めて、多い時には一〇日間で約六〇〇キロ歩いたこともある。

当時は会社に勤務していたため、年に四回、年末年始とゴールデンウイーク、お盆休みと一一月の休日が続く日程などを選んで、一三年間にわたって歩き続けた。

満五四歳でスタートし、完歩を達成したのは実に六七歳の時であった。至福の瞬間をありがたく一身に受けたことは生涯の糧《かて》となった。

二一世紀に入っても世界各地では戦争や内戦、紛争が相次ぎ、令和四年（二〇二二）二月には大国ロシアが隣国ウクライナに軍事侵攻を仕掛け、大勢の無辜《むこ》の命が奪われた。それ以外にも世界中で戦乱や紛争によって難民が生まれ、飢餓もはびこっている。

さらには、大型台風や地震、津波、酷暑、そして、収まるところを知らない新型コロナウイルス……など、かつてない自然災害や疾病が席巻している。にもかかわらず人間は自己の欲望の赴くままに生きている。もはや、人類の終焉と言っても過言ではないように思える。

当然、日本の国政も今までのような予算分取合戦ではいけない。税収は大自然災害や感染病からの復興、医療費に回し、その分、国会議員、特に参議院は廃止し、衆議院議員も三分の一まで削減すべきだ。当然、公務員の数も三分の一まで削減していただきたい。

今後は人任せではなく、国民一人ひとりが家族を、町を、国を守る意識が大切で、政治家の方々も過去とは決別して厳格に選出されるべきであり、選ばれた人間は国家のために使命を果たすべきである。

現況、世界の国が軍事費拡大に躍起になって、戦争で尊い命や財産が失われている。各国の軍事費は自然災害や感染病からの復興に寄与するのが最上の使われ方ではないだろうか？

どうか「地球」を救済してください。

人類は、これまで以上の勇気と決断で世界を救うべきである。不可能を可能に変えて世界平和を構築し、心から安心、安定の生活を構築するよう祈願申し上げる。

一．本物
二．気
三．バランス

この三つが、地球の救済を願う私が生涯追い求めているテーマである。

これまで図書館、寺院、神社などで調べたが、私の求める答えは見つからなかった。そこで、〝体解〟を実践するため、日本全国を歩いて大自然の教えを求め続けた。

人間の想像を超える距離を歩くことで苦しみや痛み、空腹、恐怖心、睡眠不足などを体験する一方、異なる体験と無言の指導を受け、日本中を歩き通した。その結果、体力の限界を超え、恐怖心を克服することで大切な〝宝〟に気づくことができたのである。

それこそがこの世のバランスで、つまり私が考えるところの〝世紀の定規（思考基準）〟

は〝六〇対四〇のバランス〟であるとの啓示を受けた。

すべては私が精神と体力の限りを尽くして行動して得た成果である。

人間はすべてのことに感謝して頑張ることで答えを得られる。それが最高の生き方ではないだろうか。過去と決別し新しい生活の基礎を確立する――それこそが人生の生き甲斐であり、地球を救う方法である。そのために私は己の体一つで日本中を歩くことを実践した。


そして、五四歳から一三年の月日を費やして日本一周を完歩した。

総歩行距離数は優に一万五五〇〇キロを超えた。一般的に日本の沿岸部を一筆書きのように測ると総距離数は一万二〇〇〇〜一万三〇〇〇キロだと言われているから、実際は日本一周を遥かに超える距離を歩いたことになる。

本書は、その一三年間の全記録である。

令和四年八月一五日　七七回目の終戦記念日に

藤巻　仁司

※注＝文中に登場する地名、駅名、肩書などは基本的に歩いた当時のままとした。

今はなき「スーパーフジマン」の前で、旅支度姿で記念写真

目次

序章　信州生まれの少年が五四歳で歩いて日本一周に挑むまで

信州軽井沢、浅間山の麓にある伍賀《ごか》村に、私は昭和四年（一九二九）一月二九日に生まれた。

生家は藤原氏を源流とする一族で、信濃藤原氏（武家）の流れだという。私の家は分家で代々農業を営み、父は村議会議員で男五人、女三人の八人兄弟の三男だ。

父が公務で忙しかったため、私が一〇代になる頃には家業の中心を担った。よく働くので私に本家を継がせようという声も出たが、三男坊が受けてはいけないと辞退した。

小学校は伍賀村の尋常高等小学校だが、毎日、家から学校まで片道五キロの山道を歩いたものだ。起伏の激しい通学路の途中からは槍ヶ岳や乗鞍岳が見えた。

小学校を出ても農業中心の生活に変わりはない。家では米や麦、野菜全般を作っていたが、冬の間は農業ができないから、山仕事に就き、木を切って薪を作ったり、炭を焼いたりした。そこでも私は人並み以上に働いたから賃金をたくさんもらった。

子供の頃から私は力持ちだったが、炭を運ぶ重量で新記録を出したことがある。

一八歳の頃だ。当時、できた炭を俵に入れ、背負って最大斜度三〇度にも感じる愛宕山《あたご》を下るのだが、ある時、どれだけ運べるか試そうと思った。他の男は一度に三俵が限界で、さて、自分の限界はと思って挑戦すると、倍の六俵を背負って運ぶことができた。

一俵が六〇キロだから、約三〇〇キロを背負って山を降りたことになる。今思い返しても考えられない馬力である。


そんなある日の帰り道、長野県の農業講習所（現在の農業大学校）に勤めている人と一緒になった。その人に、「うちで働かないか？」と誘われ、私は快諾して長野市の善光寺近くにあった農業講習所で働き始めた。

人生で最初の転機であり、非常に勉強になった。もちろん、掃除や整理整頓の他に、書類を謄写版《とうしゃばん》で印刷したり、ホチキスで止めて配ったりするような末端の仕事であるが、誰にも負けないくらい働いた。今の私があるのもその頃のお蔭である。

農業講習所で約三年働き、そろそろ故郷を出て東京で働きたいと考えていたところ、東京の本郷から隣家に疎開してきた美容師の方の紹介で、力持ちの若者を必要としているという千代田区神田和泉町にある建築資材の卸売会社、稲垣商事に就職した。

それが昭和二六年三月で、生まれて初めての東京である。稲垣商事では丸釘、トタン板、鉄板、針金、銅線などを運ぶ仕事をした。私は力持ちだから能率が上がった。五トントラックで運んできた鉄板一〇枚、二〇枚を一人で楽々下ろすことができた。

その頃、稲垣商事で丸一日働いた後は講道館に通って柔道をしていた。力には自信があるからすぐ初段になって、警察官や自衛隊員も出場した大会で三位になったこともある。もともと私は負けるのが大嫌いで、誰にも負けないという信念を持っている。


そんな日々が続いたが、当時、大阪商人が大挙上京して来て、東京の商売人が軒並み仕事を奪われ続けた。稲垣商事の専務も相当できる人だったが、大阪商人には敵《かな》わない。そんな姿を見て、負けず嫌いの私は本場で大阪商人のテクニックを学ぼうと考えた。

常に厳しい局面に挑戦するのが私の身上《しんじょう》であり、挑戦すると必ず良い結果が出る。

当然、大阪にコネなどない。裸一貫で大阪に着いて一軒の店を訪ねて働かせて欲しいとお願いしたところ、「よし、行商させてやる」と言われて住み込みで働き始めた。それが菊水堂で、石鹸や歯磨き粉、トイレットペーパーなど日用雑貨の問屋をしていた。しばらく働いて分かったのは、大阪商人は良くも悪くもすべて計算ということだ。一方で東京は必ずしも計算ではない。同じ〝カンジョウ〟でも、東京は心の〝感情〟で、大阪は算盤の〝勘定〟だ。得意先を獲得するためならとことん安くするのが大阪商人だ。東と西の商売は、カンジョウの違いに尽きるということが身に沁みて分かった。

当時、店の自転車を借りて、大阪中を売り込みに回った。商売の極意なんて何も教えてもらってないが、連日、訪ねた先の住所と名前を記録し続けた。そこを一週間ごとに回ったら次々に得意先ができた。一年で三六〇軒作ってやろうと心に誓った。

社長にも信頼されるようになって、私が代わりに取引に行くまでになった。

信頼された理由は一目瞭然で、大阪ではたくさん売った人ほど偉いのだ。私はよく働くし、定時過ぎても予定した商売が終わるまでは帰らない。夜の八時、九時まで働いた。

得意先の万代《まんだい》百貨店の社長には可愛がられたものだが、当時の万代は安売りで有名で、しかも、時には代金を踏み倒すとの噂もあったようで業界内の評判は必ずしも良くなかった。

ある時、万代が蚊取り線香二〇〇〇個を買ってくれたことがある。

代金をもらって納品書と領収書を出した。ところが、メーカーが「万代が蚊取り線香を協定価格より安く売ったために他社から山のように苦情が入り、商品を出荷できない」と言ってきて、ある日突然、納品されなくなった。私は万代の社長に呼び出された。

「商品が入らないぞ！　どうしてくれるんだ！」

私は社長の目の前で、メーカーの常務に電話した。

「今、万代さんにお邪魔しています。蚊取り線香が一個も入荷しない、責任を取れと言われているんですけれど、どうしてくれますか？」

「万代さんは安売りして、周囲から苦情が来てるから売れないよ」

「分かりました。品物出さないなら、今からあんたの頭をかち割りに行く！」

そう言い放って電話を切った。これには万代の社長も目を丸くして驚いた。

結局、無事に収まったが、万代の社長には〝あんた凄い根性してるな〟と褒められた。

もし、本当に頭を割っていたら警察のお世話になっていただろう。

以上のようなご縁から、昭和四二年頃に万代百貨店のフランチャイズを始めた。

藤巻の万代百貨店だから「フジマン」という名前の小さなスーパーだ。余談だが、息子の高校時代のあだ名は「フジマン」だったらしい。小さい店なので従業員を雇う余裕はなく、早朝の仕入れから夜までの営業時間を妻と二人でこなした。

特に妻は本当に大変で、〝家事、子育て、店の手伝い〟と一人三役で頑張ってくれた。しかも、息子が小学校に入学すると私はＰＴＡの役員をすることになったので、その打ち合わせや会合、行事などの際は妻に店を任せっ放しになり、本当に感謝している。

そんな調子で一二年間頑張って、ある程度の目処が立ったので「フジマン」を拡張すべく、別の場所に比較的大きな店舗を構えた。魚を捌《さば》く職人や仕入れや品出しをする従業員数名を雇い入れ、設備投資もして新しいスタートを切った。ところが、良かったのは最初だけで、赤字続きで三年ほどで店を畳むことになった。

借金を抱えて苦労していた時、親身になって助けてくれたのが低周波治療器「サンマッサー」で有名な丸菱産業の創業者・竹村彦善社長（後に会長）で、その後の「日本一周」も資金面で支えてくれた。一代で財を成した器の大きな方で、竹村社長の傍で顧問として経営指南的役割を務め、ご恩に報いるべく八〇歳過ぎまで務めさせていただいた。

こう書くと、店の経営に失敗した人間を、何故、創業社長というシビアな方が経営指南役にしたのか、あるいは、前に書いた〝啓示〟とは一体何事かと疑問に思われるかも知れない。

そこで私が天から授かった〝力〟について、ここで簡単に触れておきたい。

私は三〇代になって突然、普通では目に見えないモノやコトが見え出した。世間一般で言うところの超能力や霊感という類の力だと思う。きっかけは覚えていないし、自分でも不思議であったが、とにかく色々なモノやコトが見えるのである。

ただし、この〝力〟を授かってすぐに決めたルールがある。

それは、私利私欲に使わないことと、ビジネスにしないことである。

この二つのルールの下、色々な方から相談を受けて、より良い方向に導いた。竹村社長はその成果を見ていただいていたので私を雇ってくれて、その後に〝啓示〟を受けたのだ。もちろん、それ以降に幾度も教えを授かったことがあるが、それはまた別の話となる。

そんな五四歳のある日、私は啓示を受けたのである。

〝日本一周歩きなさい！〟

私は常々、世界のバランスを考えていた。世の中には本物の戦争であったり、経済戦争であったりと、今に至るも殺し合い、奪い合いが尽きない。それは世界のバランスが崩れているから起きるに違いない。戦争をやめなければ、今後も世界のバランスはますます壊れ、人類はやがて破滅に至るかもしれないと考えた。

しかし、最適なバランスが実践できたら殺し合いも、人類の破滅もなくなるだろう。

そう考えた私は、前述したように世界の正しいバランスを教えてもらおうと思ってあらゆる場所を尋ねて歩いた。しかし、残念なことに誰からも納得できる答えは得られなかった。

そんな中で、私は〝啓示〟を受けた。自分の足で実際に日本中を歩いて回れば、大自然がバランスを教えてくれるのではないかと考えた。まだまだ私の修行は足りない、もっと、もっと歩かなければならないことを悟ったのである。

そのためのトレーニングとして、まずは朝早く起きて自宅から会社まで約一二キロを歩くようにした。そして、予行練習として伊勢神宮まで歩く大会に参加した。

妻に「歩いて日本一周する」と言ったら、「凄いことですね」とだけ言われた。大丈夫ですかとも、やめなさいとも言わず、ずっと私を支えてくれた。言葉というのは多ければ多いほど内容が乏しくなる。少ない言葉ほど、心に伝わるものだ。妻には感謝しかない。

前述したように、歩いて日本一周を続けている間、竹村社長にはずっとご支援いただいた。

「誰にもできないことをやるんだから！」

そうおっしゃられて休みもいただいたし、交通費や宿泊費などの経費もすべて出していただいた。竹村社長には到底感謝しきれない。この場を借りてお礼申し上げる。

もう一点、靴に関してはアシックスに専用の靴を提供していただいたことに感謝したい。

年に四足、新しい靴をいただき、帰って来た時に履いた靴を渡して傷み具合や靴底の減

日本一周完歩を支えてくれただけでなく、人生の大恩人である丸菱産業の竹村彦善さんと

り方を検証し、補強した靴を作ってくださった。本当に良いスポンサーに恵まれたが、すべては信頼関係であり、信頼関係があったからこそ、日本一周を完歩できたと言える。

さて、道中の荷物は仕事の傍ら日本地図で調べた経路を記した行程表の他、着替え、食料、飲み物、雨合羽、ラジオ、カメラとフイルム、足の治療セットなどで、重量にして一五～一八キロになる。最初の頃はリュックサックを背負っていたが、途中から車輪付きのカートに入れて転がすようになって背負う重さはゼロに近くなり、相当楽になった。

もちろん、歩いている途中で靴ずれができることなど日常茶飯事である。

そんな時は、まずはできたマメ（水疱）をハサミで切って中の水を出し、代わりにヨードチンキを入れる。そして、救急テープを貼って終わりだ。当然、痛いが、これが歩き続けるには最善で、日本一周する間、この処置を数えきれない位施した。

当然、処置をしても歩く際の痛みは完全には消えない。そんな時こそあえて痛む足に力を入れて地面に強く押し付けるのだ。痛ければ痛いほど、足を強く強く押し付けることによって痛みと向き合う。すると、不思議なものでいつしか痛みを感じなくなってくる。

そもそも痛みなど問題ではないし、痛いからと言ってやめていては何もできない。

最初の一〇年で日本一周をほぼ歩き終えて、残りの三年はさまざまな半島の外周に沿って歩いたり、直線コースで歩いた部分を迂回して歩いたり、また、縦断するコースを選んで全四七都道府県を完歩することを目指した。

一回につき数日から一週間の行程を終えて自宅に帰ると、翌日は当然、足が痛い。それでも会社に出て仕事をする。もともと私はゴルフも麻雀もしないし、何の趣味もない。会社のために働くのと自分の足で日本中を歩くことに一三年間、全身全霊を捧げた。

歩いている時が生きがいであり、苦痛でさえ生きがいである。そう考えれば自然と道が開ける。苦しい思いが大きければ大きいほど頑張れる。

ただし、歩いて日本一周と口で言うのは簡単だけれど、こんな厳しい世界はない。しかし、世の中、命を捨てる気で挑戦したら怖い物はないし、何だって実現できる。たとえ悪天候でも、目の前に真っ暗な山があっても、それは乗り越えるべき〝痛み〟であり、〝壁〟であり、そんな時こそより一層奮起して歩き続ける。

〝よし！　負けんぞ！〟〝絶対に負けんぞ！〟

そう強く、強く思い続けて一三年間、日本全国津々浦々を歩き続けた。

天気が良ければ橋梁を渡る風も心地良い

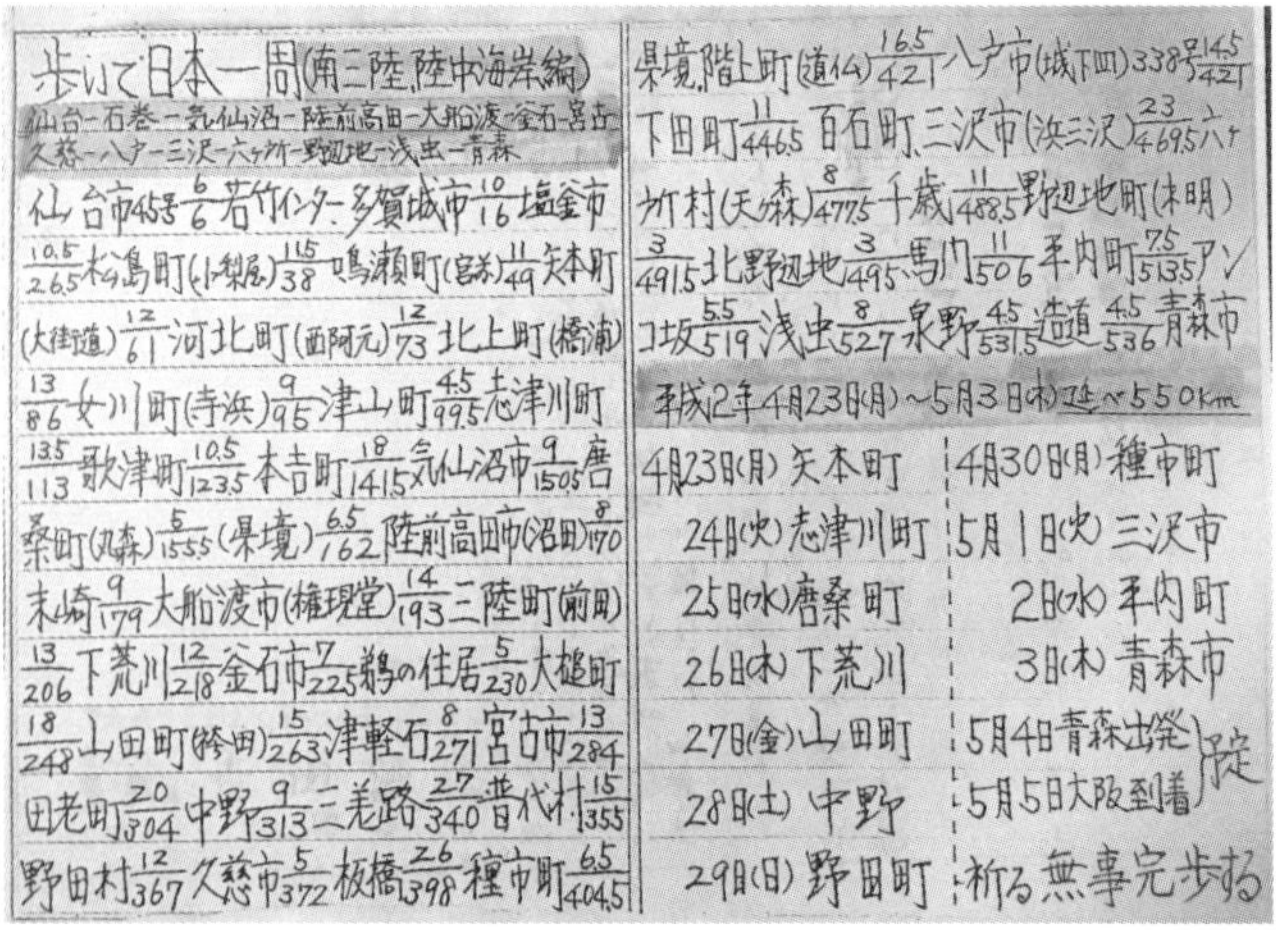

歩いて日本一周(南三陸,陸中海岸編)

仙台－石巻－気仙沼－陸前高田－大船渡－釜石－宮古－久慈－八戸－三沢－六ヶ所－野辺地－浅虫－青森

仙台市45号 6/6 若竹インター 多賀城市 10/16 塩釜市 10.5/26.5 松島町(小梨屋) 11.5/38 鳴瀬町(宮戸) 11/49 矢本町 (大街道) 12/61 河北町(西阿元) 12/73 北上町(橋浦) 13/86 女川町(寺浜) 9/95 津山町 4.5/99.5 志津川町 13.5/113 歌津町 10.5/123.5 本吉町 18/141.5 気仙沼市 9/150.5 唐桑町(丸森) 5/155.5 (県境) 6.5/162 陸前高田市(沼田) 8/170 末崎 9/179 大船渡市(権現堂) 14/193 三陸町(前田) 13/206 下荒川 12/218 釜石市 7/225 鵜の住居 5/230 大槌町 18/248 山田町(柊田) 15/263 津軽石 8/271 宮古市 13/284 田老町 20/304 中野 9/313 三upon路 27/340 普代村 15/355 野田村 12/367 久慈市 5/372 板橋 26/398 種市町 6.5/404.5

県境,階上町(道仏) 16.5/421 八戸市(城下四)338号 14.5/421 下田町 11/446.5 百石町、三沢市(浜三沢) 23/469.5 六ヶ所村(天ヶ森) 8/477.5 千歳 11/488.5 野辺地町(木明) 3/491.5 北野辺地 3/495 馬门 11/506 平内町 7.5/513.5 アンコ坂 5.5/519 浅虫 8/527 泉野 4.5/531.5 造道 4.5/536 青森市

平成2年4月23日(月)～5月3日(木) 延べ550km

4月23日(月) 矢本町	4月30日(月) 種市町
24日(火) 志津川町	5月1日(火) 三沢市
25日(水) 唐桑町	2日(水) 平内町
26日(木) 下荒川	3日(木) 青森市
27日(金) 山田町	5月4日青森出発 予定
28日(土) 中野	5月5日大阪到着 予定
29日(日) 野田町	祈る無事完歩する

行程表。あらかじめ歩くルートを決め、通過地点とその間の距離を記す。上段が２地点間の距離で下段がスタート地点からの累積距離（共にkm）。最初に泊まる宿の連絡先を書くことも

第一章　光輝ある道

昭和五八〜五九年〈五四歳〉足慣らしとして近畿、中国地方を歩く

①【昭和五八年六月六日】大阪府・奈良県

大阪（自宅）↓香芝市↓広陵町↓田原本町↓柳本駅↓崇神天皇陵（約六〇キロ）

日本一周に向けた予行演習として、奈良県天理市にある崇神《すじん》天皇陵を目指す。出発前、妻に全身に指圧を施してもらい、新しい靴を履く。

「般若心経」の他にノート、櫛、印鑑、爪切り、万年筆、ボールペン、眼鏡、タオル一枚などを準備し、昭和五八年（一九八三）六月六日午前九時三〇分、大阪市にある我が家を出発する。

東に向かい、大和川の護岸堤防上を進むと、流れる水は昨日の雨で増水し濁っている。四時間以上掛けて二五キロ歩き、第一目的地の蕎麦店に到着する。冷水をコップ二杯いただくと甘露水のような甘さに感動する。好物の蕎麦とおにぎり、そして関東煮に舌鼓を打

つ。
築山《つきやま》を目標に進んでいる最中、空は墨を流したように暗くなって雨が降り出し、時折稲妻が光り、雷鳴が轟き始める。雨風が一段と強くなり、木の葉や塵が飛び回る。初日から大雨という苦難を与えてくれた大自然には感謝の念しかない。これも修行と思い、仕方なく途中の店でビニール袋を二枚いただき、荷物を二重の袋に入れて雨予防とする。

我が家を出てから早六時間、横を自動車が通り過ぎる中、一歩一歩、我が足を頼りに歩き続ける。午後五時二〇分に第二目的地の香芝《かしば》町役場に到着し、オレンジジュースを二杯飲み干す。その後、第三目的地の田原本町を目指す。

あたり一面田んぼで、暗くなってきたために懐

奈良県天理市にある崇神天皇陵にて。階段の上に立つ

中電灯を購入する。田原本町に到着後は最終目的地の天理市の柳本駅に向かって山中を進み、ついに柳本駅に到着する。駅の東にある崇神天皇陵（行燈山古墳《あんどんやま》）に参拝し、般若心経三回、大祓詞《おおはらえのことば》一回を唱える。

我が家を出てから約一三時間が経っていた。午後一一時一〇分の電車に乗り、一路、大阪へ向かう。途中の車内では足の痛みが襲うなど、苦痛の連続であった。

②【昭和五八年七月二四日】大阪府・京都府

大阪（自宅）→京都御所（約五〇キロ）

昭和五八年七月二四日、午前一時に起床し、三時過ぎに息子と一緒に出発する。都島区、旭区の千林商店街、守口市を通過し、枚方市《ひらかた》で国道一七〇号線を左側に入って淀川堤坊を歩く。河川敷ゴルフ場に続く一帯には雑草が繁茂し、鳥たちが元気良く鳴いている。木津川、淀川を渡って、近くにあった店で食事をする。

しばらく進むと、歩き慣れない息子の足が痛み始めたようで、靴下を履き替えるのさえ激痛がすると言う。午後三時過ぎ、足の痛みのために京都駅前で休憩する。

痛みを伴う中、河原町、丸太町と京都御所まで一直線に進む。

午後五時三〇分、ついに御所に到着する。既に正門は閉鎖されていたが、守衛の方に、大阪から歩いて来たと説明すると、特別に入場を許可されて親子で参拝する。

帰りは大阪の友人の車に乗せてもらい、礼を言って午後八時三〇分に無事帰宅する。

③【昭和五八年八月二七日～二八日】奈良県

近鉄飛鳥駅→壷阪寺→大淀町比曽→津風呂湖畔→榛原駅（約四〇キロ）

奈良ユースホステル協会の主催による夜間歩行会に参加する。

近鉄飛鳥駅を午後九時に早歩きで出発する。壷坂寺の急坂も平坦な道も同じ速度で歩くことがいい勉強となり、参加者に六八歳と私より年長の方もいらっしゃったことも手本となる経験になった。一時間歩いて一〇分休憩の行程で、月明りの中を歩くのも初体験である。

翌二八日の午前二時に軽食を取る。吉野を経て大和平野の〝臍《へそ》〟とも言える榛原《はいばら》を目指す。大宇陀に入る頃には空が明るくなり、本当に気持ちの良い朝であった。

「大自然に感謝」という言葉が頭に浮かんだ。

④【昭和五八年九月四日】大阪府・和歌山県

大阪（自宅）→堺市→岸和田市→泉佐野市→岬町→孝子峠→和歌山城（約七〇キロ）

午前二時三〇分に起床し、妻が準備してくれた海苔巻き三本と牛乳をいただき、二時五五分に家を出る。大変暑い朝で、午前五時を過ぎて少し涼しくなってきたが、それでも残暑は厳しく、今までで一番の暑さも良い経験になるだろうと思った。

堺市、高石市、泉大津市、だんじり祭で有名な岸和田市を経て、その後は貝塚市から海岸線を歩いて泉佐野市、泉南市に至る。

岬町より孝子峠《きょうし》を経て和歌山城までは大変に長く感じ、地元の人に尋ねたところ遠回りだと教えていただいた。国道二六号線を進んで紀ノ川大橋を渡ると和歌山城が見えた。周囲は既に暗くなっていたが、和歌山城到着後、天守閣に参拝した。大祓詞と般若心経を唱え、今日の無事と日本一周の最終地と決めた伊勢神宮まで完歩達成を祈願する。

⑤【昭和五八年九月二二〜二三日】大阪府・京都府

大阪（自宅）→比叡山延暦寺（約六〇キロ）

仕事の関係で帰宅が大幅に遅れ、午後一〇時二〇分に比叡山延暦寺を目指して歩を進める。玉出より国道二六号線を歩いて花園、守口市、枚方市を経て京都府に入り、九条、七条と京都市内を通り過ぎて比叡山ドライブウェイの入り口に到着する。そこから先は車しか入れないので、路線バスを利用することにする。

日没間近の閉門時間ぎりぎりに延暦寺に到着し、刻一刻と暗さが増していく中、境内に足を踏み入れて参拝を果たす。帰りは懐中電灯を手に、薄暗い中をいにしえの参拝者が通った道をゆっくりと下る。かつての参道は雑草が生えて荒れ果てており、深い堀もあり、石もごろごろしていて細心の注意が必要で、想像以上に歩くのが困難となる。

ふと我に返ると、真っ暗な山中に私一人のはずが、周囲に何者かの気配を感じた。それも一つや二つではなく、数十、数百、いや無数とも言えるほどであった。

比叡山延暦寺と言えば、今から一二〇〇年以上前の平安時代初期に最澄が創建した由緒正しい寺院であるが、そうした厳かな歴史の一方で、延暦寺の名が世に広く知られているのは戦国時代、天下統一を目指す織田信長による焼き討ち事件であろう。

延暦寺はそれ以前、武装した僧兵を擁して強大な権力を有し、朝廷にさえ物申す寺院であった。そして、元亀二年（一五七一）九月一二日、延暦寺が敵対する浅井長政、朝倉義景らを匿ったことに信長は激怒し、延暦寺を取り囲んで盛大に焼き討ちを行い、徹底的に破壊した。犠牲者は僧侶、僧兵のみならず、女性や子供も含めて数千人とされている。

寺院は元から死者たちの魂と縁のある場所ゆえ、その気配がするのは不思議なことではない。しかし、比叡山にはそれ以外に、織田の軍勢に容赦なく切り捨てられた無辜の人々の魂が眠っている。それは無念に満ちた怨念といっても過言ではない。

そう思った瞬間、さすがに私は恐怖心が先に立ち、足がすくんで前に進めなくなった。しかし、それ以上遅くなることは許されないので立ち止まってはいられない。勇気を振り絞って一目散に走り出す。しかし、荷物を持って走るので息が続かず、走っては休み、走っては休み、何とか一時間後、遠方に明かりが見えてきて一息ついた。

「こんばんはーっ！」

その瞬間、私は衝動的に明かりに向かって大声で叫んでいた。おそらく、周囲に漂う不気味な気配を大声で必死に打ち消そうとしたのであろう。

「こんばんはーっ‼」

何度も何度も叫び続けているといつしか怖さが雲散霧消し、やっと平常心でいられるようになった。この時に私は、大声を何度も張り続けると恐怖心が消えることを学んだのかもしれない。以降の旅路でも、私はこのやり方で恐怖心を御することができるようになった。


それから約二週間後の一〇月二日、再び比叡山延暦寺を目指すことになった。

午前五時五五分、家族一同で家を出る。淀屋橋より京阪電車に乗り込み、朝食を取る。車窓よりかつて幼い息子と一緒に歩いた国道一号線が見えて、懐かしい思い出が蘇る。三条駅で大好物の一杯一五〇円の蕎麦に舌鼓を打つ。出町柳駅から叡山電鉄に乗り、八瀬に行く妻と娘と別れ、私と息子は修学院駅で降りて修学院離宮付近の道を行く。

途中で七四歳だというご老人に比叡山に行く道を教えてもらう。しばらく登っていると、出会った小学校高学年らしい三人の少年たちが「案内するよ！」と言ってくれて感謝する。かなり厳しい山道を登っていると、前方から一台のオートバイが走り降りて来てすぐ横で停まった。相当の急斜面で中央は山の水が流れており、歩くのにも苦労する道である。オートバイの男性に話を聞くと、下までオートバイで降りる途中という。

その勇気が私の心に響き、「注意して降りてください！」と、伝わるように大声を掛けた。しばらくすると、もう一台のオートバイが降りて来た。今度は女性のドライバーで、息子は「彼女でしょう」と言うが、私は二人の関係よりその行動力に心を打たれた。

比叡山延暦寺に到着し、少年たちに約束のジュースを買ってあげた。

展望台に登って一休みした後は、般若堂や伝教大師御廟、根本中堂などを参拝し、予定より早く京阪電車に乗り込む。前回とはまったく違う実に長閑《のどか》な一時であった。

淀屋橋で妻と娘と合流し、焼肉を食べて秋の良き思い出作りができたことに感謝する。

⑥【昭和五八年一〇月九日～一〇日】大阪府・兵庫県

書写山駅→峰相山→鶏籠山→的場山→白旗山→上郡町（約七〇キロ）

兵庫県下一〇〇キロ歩行に参加する。

午前六時に住吉大社に参拝した後、午前七時一〇分に家を出て車中の人となる。姫路駅からバスで書写山駅に到着すると、小雨の中、六、七名の参加者が既に集まっていた。

午前一一時に参加の手続きと準備運動、注意事項の告知などが行われ、一一時一〇分に出発する。円教寺の予定が打越で昼食となり、峰相山《みねあいやま》から山陽自然歩道を進む。草木は繁り、大自然の獣道そのものである。鶏籠山《けいろうさん》にある神社の境内で夕食を取る。

午後五時二〇分、五時間の予定で懐中電灯を手に一列になって的場山に登る。一睡もしない夜間歩行にも体の疲れはさほどないが、空腹を感じた。予定から三時間近く遅れ、白旗山が最もきつく、また下る際も石だらけの道に沢の水で滑りやすいので注意して歩く。左右の小指が痛みを感じる。赤松到着後、一九名の脱落者が出ており、大会幹部の協議の結果、勇気ある撤退を選択して七〇キロに変更となる。

上郡《かみごおり》駅直行となり、上郡中学校の校庭で朝食、そして閉会式後の自由解散となった。

⑦【昭和五九年×月××日〜××日】大阪府・兵庫県

大阪（自宅）↓尼崎市↓三宮市↓姫路市（約一〇〇キロ）

大阪から兵庫の姫路城まで一〇〇キロ歩行を計画する。

自宅を出た後、国道二号線を元気良く前進し、尼崎、西宮と練習気分で一生懸命歩く。日付が変わろうとする午前〇時頃になって夕食を取ることができた。芦屋、東灘、三宮の街は夜の雑踏もネオンで明るい。三宮駅付近で足に強い痛みが出てきたので、脱脂綿を購入し、両足の靴下と足の裏に入れて歩く。一歩踏み込む度に身が捩れるほどの激しい痛みを感じ、心が折れそうになるが、自分が決めた目標を達成するため歩を進めた。

須磨海岸二号線は暗く波の音だけが耳に入り、ふと寂しさを強く感じた。一人歩きの海沿いの道は初体験であり、とても良い経験にはなったが、足の痛みは消えない。

途中、後ろ向きで歩いたり、何とか痛みを軽減できないかと試行錯誤する〝激痛との闘い〟を九時間も続け、何とか約四〇キロ進む。だが、立っているだけでも激痛が走り、まったく動けなくなる。それでも中止できないので休憩を長く取る。

再び出発するも一〇メートルも歩けない。やむなく両膝を道路につけて跪《ひざまず》いた姿勢で歩こうとするが、当然、長くは続かず、泣き泣く一旦中止を決定する。

タクシーを止めて、運転手に「駅まで乗せてください」とお願いすると、「土山駅は近いよ」という返事。だが、歩くことはできないので駅まで乗せてもらう。駅で時間を取って完全に治療し、土山駅から姫路城まで歩いてどうにか目標を達成することができた。

⑧【昭和五九年四月二九日〜三〇日】兵庫県・岡山県

姫路城→亀山市→英賀保→有年→備前市→岡山市（約一〇六キロ）
昭和五九年四月二八日、仕事を終えて帰宅した後は風呂に入って疲れを取り、午後一〇時過ぎに大阪駅から電車に乗って姫路駅を目指す。四月も終わるとはいえ、夜はまだまだ寒く感じる。姫路駅で暖を取り、午前三時に元気良くスタートする。

国道二号線を行くか、赤穂に行くかでだいぶ違う。赤穂方面に向かい、亀山、英賀保《あがほ》、太子町を行く。夜が明けて、新緑がまぶしい山並みを眺めながら国道二号線に入る。だが、車の通行が激しく排気ガスも大変気になるので旧道を選んで進むことにする。

滝野、相生《あいおい》、有年《うね》と国道二号線を進む。たまたま、有年の自転車販売店で蛍光テープを目にして、リュックサックや靴に縫い合わせると夜間歩行の危険防止に良いと知る。途中、鯰峠、船坂峠では兵庫県と岡山県の県境を通るため、その間は人が歩けない国道二号線を外れて山越えをする。一面真っ暗な山道を懐中電灯の灯りを頼りに、一路、岡山県に邁進する。比叡山延暦寺での経験があるとはいえ、夜道は心細いものだ。

再び国道二号線に戻り、備前焼で有名な岡山県備前市に入る。一泊したいところだが旅館はないので、目を覚ますためにあまり好きではない缶コーヒーのブラックを飲む。

体の疲れもあって西古松あたりからスピードが落ちる。一心不乱に歩くもなかなか岡山には着かない。春風も夜は強く冷たさを感じる。再び缶コーヒーで目を覚ます。

岡山市内に入ると、早朝の岡山市はとても綺麗で、後楽園、岡山城を右手に見ながら、午前四時一一分、ついに目的地の岡山駅に辿り着く。

駅前に立つ時計塔が顔のように見えて、「ご苦労さん」と語りかけてきた。一睡もせず二五時間歩き通して一〇六キロ、非常に辛かった半面、良い思い出になった。

⑨【昭和五九年六月八日〜一二日】岡山県・広島県

倉敷市→福山市→尾道市→三原市→西条市→広島市（約二〇〇キロ）

昭和五九年六月八日、大阪地方は朝から一日中、大雨であった。岡山県の天気を電話案内で問い合わせると、現地は曇りで小雨が降る程度とのことで予定通り決行する。

大阪駅から午後三時一〇分の姫路行き快速電車に乗り込む。

以前歩いたことのある道を車窓から眺めている内に姫路駅に到着し、岡山行きに乗り換える。岡山駅からはバスで倉敷方面に向かう。雨は既に降ったり止んだりとなる。

倉敷駅をスタートし、朝が来て次第に明るくなる中を金光町、里庄町と進む。里庄町あたりは通勤、通学の方たちが往来する。笠岡市あたりで足が痛み、バス停留所で足の治療をさせていただく。県境を越えて広島県の福山市方面に入る手前から日差しが強くなり、首筋あたりにだいぶ暑さを感じる。福山市は想像した以上に大きな街のように思えた。

再び雨が降り始め、尾道の街に入った頃には大雨になる。国道二号線を行くと左側が海岸で、右は山陽本線と山の斜面が続いており、尾道はまるで鰻の寝床のような細長い街である。大雨のため、自動車の水しぶきが遠慮なく飛んでくる。

三原駅まで周囲は真っ暗で、ここで泊まろうと何回も思うも、強く大地に足を踏みしめて歩き続ける。救急テープが残り少なくなり、今晩の足の治療のために必要と思い薬局に入る。すると、薬局の主人が私の姿を見て、救急テープを無料で大量にくださった。〝渡る世間に鬼はない〟と昔の人は言ったが、まったくその通りで頭を下げて感謝する。

待望の三原駅に午後一〇時過ぎに到着する。ここまで一〇〇キロ、一睡もせず雨と自動車の水しぶきの中を無事に歩き通すことができたのも助けてくださった方々のお蔭である。

翌朝、午前五時三〇分に起きると、外は相変わらずの大雨で、歩くのには困難を極めるだろう。少しだけ出発時間を延ばし、七時過ぎに旅館を後にして西条市に向かう。

靴の濡れが大変気になるので、靴を買おうとするも靴店がまだどこも開いていない。この頃はまだアシックスから靴の提供を受けておらず、ようやく見つけた本郷町のスーパーで新しい靴を購入して履き替え、一路、西条市に進む。休日のドライブインの駐車場で、自動販売機で買ったジュースを飲みながら足の治療をしていると、ドライブインの女将さんらしき方が現れて、冷たいお茶とビニール袋一杯の氷をくださり厚く感謝する。

だが、新品の靴は硬く旅人の足には合わないようで足が余計痛むのであった。竹原市田

郵 便 は が き

料金受取人払郵便

新宿局承認

7553

差出有効期間
2024年1月
31日まで
(切手不要)

1 6 0-8 7 9 1

1 4 1

東京都新宿区新宿1－10－1

(株)文芸社

愛読者カード係 行

お名前《ふりがな》			明治 大正 昭和 平成 年生 歳
ご住所《ふりがな》	□□□-□□□□		性別 男・女
お電話番号	(書籍ご注文の際に必要です)	ご職業	
E-mail			
ご購読雑誌(複数可)		ご購読新聞	新聞

最近読んでおもしろかった本や今後、とりあげてほしいテーマをお教えください。

ご自分の研究成果や経験、お考え等を出版してみたいというお気持ちはありますか。

ある　ない　内容・テーマ(　　　　)

現在完成した作品をお持ちですか。

ある　ない　ジャンル・原稿量(　　　　)

書　名			
お買上 書　店	都道 府県　　市区 郡	書店名 ご購入日	書店 年　月　日

本書をどこでお知りになりましたか?

1.書店店頭　2.知人にすすめられて　3.インターネット(サイト名　)

4.DMハガキ　5.広告、記事を見て(新聞、雑誌名　)

上の質問に関連して、ご購入の決め手となったのは?

1.タイトル　2.著者　3.内容　4.カバーデザイン　5.帯

その他ご自由にお書きください。

(　)

本書についてのご意見、ご感想をお聞かせください。

①内容について

②カバー、タイトル、帯について

弊社Webサイトからもご意見、ご感想をお寄せいただけます。

ご協力ありがとうございました。

※お寄せいただいたご意見、ご感想は新聞広告等で匿名にて使わせていただくことがあります。

※お客様の個人情報は、小社からの連絡のみに使用します。社外に提供することは一切ありません。

■書籍のご注文は、お近くの書店または、ブックサービス(0120-29-9625)、セブンネットショッピング(http://7net.omni7.jp/)にお申し込み下さい。

万里地区に入る途中、鶯の声が聞こえ、大自然の力と無限の偉大さを感じた。

西条市到着は午後四時の予定だったが、四時間遅れて日も沈み、午後八時となった。薬局を探して薬を買い、食事をして足の治療をすると時間は瞬く間に過ぎていく。

国道二号線は下り坂のため、一段と足の痛みが強くなる。

「痛い！」「痛い！」「痛い！」

大声で三〇分ほど叫び、その後は一切弱音を吐かないと自分に固く約束する。二四時間スーパーの入り口にあるベンチに座り、足の治療をする。いつも思うことだが、行程の最後になると強烈なエネルギーが湧いてくる。やがて梅田町に入り、その頃には空も明るくなり始める。地元のパン工場からトラックが数台、広島の市街地方面に流れていった。

午前六時七分に広島駅に到着し、六時五〇分の新幹線の自由席に乗り込んだ。

第二章　翼なき旅

昭和五九〜六〇年〈五五歳〉中国、九州、中部、関東地方

⑩【昭和五九年七月二〇日〜二三日】広島県・山口県・福岡県

広島市→大竹市→岩国市→徳山市→山口市→下関市→北九州市（約二五〇キロ）

午後一時一三分の新大阪発博多行きの新幹線に乗り込み、広島駅で下車する。駅前のスーパーで買い物をして四時ちょうどにスタートするが、その直後、雨が降り出してきたことから雨支度をする。前回の目的地に近い広島城のあたりから国道二号線を進み、五日市、廿日市《はつかいち》を経て午後九時過ぎに宮島口に至る。

午前〇時四〇分に大竹市を通過後、山口県に入って、三時三〇分頃、岩国市で国道二号線と別れる。時間的に早く着く欽明道路を進もうとするが、夜間で人が誰もいないので国道二号線を歩くことにする。玖珂《くが》町で昔ながらのレストランを発見し、食事を取る。

周防《すおう》、西長野、鳴川を通過した頃には日差しが強くなり、路面の照り返しで目を開けて

いるのさえ苦労する。午後六時三五分に下松《くだまつ》市に到着し、不要な荷物を宅配便で送る。

徳山市に到着したのが午後九時三〇分。食堂に入って食事をする。一向に足の痛みが取れず、痛みが麻痺しないものかと淡い期待を込めて、下戸の私が生ビールを一杯飲む。

ビジネスホテルにチェックインしたのが午後一一時一〇分、ホテルの部屋は七階で、瀬戸内海沿いに建つ工場の煙突が白煙をたなびかせていた。午前〇時一〇分、床に就く。

翌七月二二日朝、薄日が差す中、六時三〇分にホテルを出発する。

今日も足の痛みは増すばかり。下戸田で食事をした後、防府《ほうふ》に向かって出発するが、痛みは一段とひどくなり、途中の店でサンダルと五本指用の靴下を買って履き替える。

山口市内をバスで見学している内に降り始めた雨が強くなり、今夜は歩くことはできないのでやむを得ず断念する。バスに乗って宇部に行き、小月《おづき》まで電車で行くことにする。

なお、ここで一つ記しておくと、こうした「バスや電車（あるいはタクシー）で行く」という記述の場合、必ず中断した地点まで戻り、そこから再び歩き始めている。

小月に着いたのが午後一〇時三〇分、昔風の旅館に部屋が取れた。翌七月二八日の午前七時二〇分、サンダルを履いて旧国道二号線を進む。旧国道二号線は山陽本線と並行しており、草刈りをしているご婦人に道を尋ねると、家でお茶を勧められて感謝する。

続いて国道九号線を進み、水族館を過ぎると壇ノ浦の源平合戦跡などがあり、歴史の街と実感する。前方に関門橋が見えてきて、下関に到着後、関門トンネルの歩道を北九州市に向かう。途中、高校生風の若者三人と出会って、一緒に記念写真を撮る。

「大阪から来ました」と話すと、彼らは突然、「万歳！」と大声で祝福してくれた。電車とバスに乗った分は、次回、必ず歩くことを自分に約束し、バスで新門司港に向かった。

山口県下関市と福岡県北九州市を
海底で結ぶ関門トンネルを歩く

⑪【昭和五九年八月一一日～一四日】山口県・福岡県・宮崎県

山口市→厚狭町→下関市→北九州市／延岡市→高千穂神社（約一五〇キロ）

昭和五九年八月一一日、新大阪を午後八時一三分に出る博多行きの山陽新幹線に乗る。お盆直前とあって指定席は買えず、自由席の車両もデッキまで超満員であった。広島駅で座ることができて、午後一一時二〇分頃、山口県山口市にある小郡《おごおり》駅で下車する。

身支度を整えて一一時四〇分頃に出発する。まずは前回歩くことができなかった経路を歩くために防府方面へ向かい、翌朝、防府の街に入る。暑い朝ではあるが、旧道を歩き、和菓子店でお盆ならではの落雁を買い、歩きながら食べる。

先月歩いて来た場所まで行き、まずは大阪から小郡の完歩を目指す。富海《とのみ》駅から小郡駅まで電車に乗り、再び小郡より小月までの苦しみが展開される。小郡～壽川《すがわ》～今坂～吉見～船木～逢坂～厚狭《あさ》と足を進める。厚狭はとても活気がある良い地方都市であった。

さらに、栗田、山野井、埴生《はぶ》と進み、一晩中歩いて小月まで行くのは無理と考えて近くで泊まることにして軽食を取る。隣に座っていた人に小月までどれくらいか尋ねると、「あと四キロくらい」という返事だったので、勇気を出して歩くことを決断する。

しかし、どれだけ歩いても小月に到着しない。結局、着いたのは午前一時一〇分で、前回の旅館は空いておらずタクシーの運転手にカーホテルに連れて行ってもらった。

二日間の汗が染み込んだ越中褌《ふんどし》などの衣服を洗い、室内に干す。そして、足の傷の治療を施して久しぶりの床に就く。午前三時一〇分過ぎであった。

翌朝は午前八時頃に出発する。前回歩いた道なので、今回はバスで風景を眺めながら通過する。下関の街は人出も建物も多く、今も漁業が盛んであるように見えた。

下関駅から門司駅まで列車で行く。二回目の北九州市は気分的に楽であった。

門司もまた鰻の寝床のような街である。門司駅から小倉に向かう。小倉駅からは夜行電車に乗って、宮崎県の日豊線延岡駅に午前四時一〇分に到着する。

延岡駅は山岳方面行きの人たちで大変賑わっていた。私は身支度をして薄暗い中、高千穂町を目指して歩き出す。日之影町に午後八時三〇分に到着し、旅館に泊まる。

翌朝六時、大雨の中を川伝いに一人、活気に溢れる高千穂峡に向かう。九時過ぎに高千穂町に到着して高千穂神社に参拝する。同じ高千穂町にある槵觸《くしふる》神社には時間の関係上、タクシーを利用して参拝した後、バスで大分に向かい関西汽船の船に乗り込んだ。

⑫【昭和五九年一〇月一二日〜一五日】広島県・島根県

東広島市↓西条市↓三次市↓佐田町↓出雲市↓出雲大社（約一八五キロ）

午後六時四八分の新幹線で新大阪から三原駅に向かい、三原駅からは在来線に乗り換えて東広島市の西条駅に午後一〇時に到着する。

前回の足跡に結び付けるために国道三七五号線に入り、三次《みよし》市を目指す。

今回は天候に恵まれ頭上に明るく輝く月が私を護ってくれている。月明かりの中、国道二号線と違って道の中央を歩くことができたのも今まで経験のないことだった。自然との対話という点では今回が一番楽しく、夜の恐さを感じることもなかった。

国道三七五号線を北上し、乃美を経て豊栄町を目標に歩を進める。

豊栄町を過ぎ、三和町に差し掛かったあたりで夜が明ける。国道沿いのスーパーで購入した牛乳、パンなどで空腹を満たす。下板木、川西から志和地に出て、国道五四号線から三次市に入る。続く布野村は広島県北部の島根県との県境に位置する。

旅館を探すも、出会った人に尋ねても周囲にないと言われ、仕方なく奥深い山を登る。だが、いくら登っても峠に辿り着かない。何とか三時間後に一軒のホテルを見つけた。入浴、洗濯、足の傷の手入れをして床に就くが、島根の山中の夜は寒さがとても堪えた。

翌朝は六時に起床し、宍道《しんじ》湖を目指して出雲市へ向かい、山また山の風景の中を進む。

途中の村落で出会った方に道を聞きながら慎重に行動する。一つ道を間違えると大変なことになるからだ。午後六時三〇分に波多地区を出る。月も隠れ、道路の白線が薄っすらと見える中、早足で進む。佐田町を越えたあたりで足の痛みが増し、一時間歩くたびに休憩を取る。熱くなった足を寒風にさらすと気持ち良く、回復した気持ちになる。こうやって、一つひとつ長い距離を歩くための工夫を覚えていった。やがて、待望の立久恵峡《たちくえ》に到着する。その頃には周囲も明るくなってきて、奇岩が見えてきた。

急な山道を歩き、トンネルを通ると下り坂になり、その先に街の灯りが見えた。心にゆとりが生まれる一方で足の痛みが増す。午前四時五〇分、いよいよ出雲市に入る。だが、出雲大社まではまだ一〇キロ、陸上自衛隊出雲駐屯地や出雲高校を過ぎ、島根特産の種なし葡萄の棚の脇を進むと、二三メートルもの高さの出雲大社の大鳥居が見えてきた。

出雲大社へは昨年までに三回参拝しているが、今回、初めて歩いての参拝ということで、非常に有意義な体験であり、かつ二度とできない体験でもあった。

⑬【昭和五九年一一月二一日〜二七日】福岡県・熊本県・宮崎県

北九州市→小石原町→日田市→阿蘇山→高千穂神社→日向港（約二五〇キロ）

長崎の西海市にある大和田港まで会社の荷物を届けた後、門司駅まで戻る。

門司は今回で三度目となるが、駅前の蕎麦屋で蕎麦をいただき、午後三時三〇分に小倉方面に出発する。小倉を過ぎて内陸部の山中に向かうも、昨晩は二時間ばかりの仮眠しか取っておらず、今日は早く休む予定で元気な内に歩を進める。

夜も遅くなり、体もだいぶ疲れてきたので一夜の宿と思い、地元の方に教えてもらったホテルを目指すが、現地に着くと残念なことにホテルは改装中で休業していた。

仕方なく国道三二二号線まで戻り、出会った人に尋ねるも、この付近に旅館はないとのこと。こういう時こそ神仏が私に与えてくれた試練の場と心得、呼野《よぶの》町の食堂で夕食をいただいて徹夜で歩くことにする。豊前桝田に着いたのが午前六時三〇分であった。

午前中には嘉麻《かま》峠に到達し、菓子やソーセージで腹ごしらえをする。

目指す大分県日田市までは大変な道程であるが、懸命に歩く。二晩睡眠を取っていないので今晩はどうしても休みたい。宝珠山まで必死に歩くと日田市の町外れに入り、午後七時一五分に日田駅に到着。ビジネスホテルを予約し、三日ぶりの床に就く。

午前六時に起床し、六時三〇分に出発する。国道二一二号線を進むと梅林湖に面した松原ダムに到達する。梅林湖に沿って東へ杖立温泉に向かい、杖立温泉を過ぎて大分県と熊本県の県境を越える。

熊本県の小国町に入った頃には暗くなり、今晩の内に阿蘇まで行くのは難しいと思い、夕食を取った店で民宿を教えてもらう。向かう途中で懐中電灯の電池が切れてしまい、やはり〝阿蘇に行くのは危険だ〟という天の教えのように思えて民宿へと進路を変える。

民宿を午前二時に出発し、阿蘇北外輪山の最高峰・大観峰まで九重《くじゅう》連山を左手に眺めながら、ミルクロード～やまなみハイウェイ～宮地という行程を歩く。

大観峰から見る景色はまさに絶景中の絶景で、ミルクロードもまた実に綺麗な場所であった。途中で出会った観光バスで訪れた人たちに「日本一周歩いています」と話すと、みんなから記念写真を求められて一緒に写真を撮った。

宮路駅に到着したのが午後六時三五分であった。

〝このまま宿に泊まるのはもったいない。夜中に阿蘇山の古道を歩きたい〟

そう思い付き、暗い中、山中へと歩みを進める。

当然、途中から道らしい道ではなくなり、分岐点に出る度に右を行くか、左を行くかで迷い始める。とうとう複数に分かれている分岐点に遭遇し、どちらの途《みち》を選ぶべきかまったく分からなくなった。真夜中の山道で道を見失い、パニックに陥りそうな心を抑えるべく一旦立ち止まって冷静になり、自分自身の心に問い掛けた。

その時、ふと、一つの言葉が浮かんだ――。

〝足下を見よ！〟

足下か！　私はすぐに暗闇を懐中電灯で照らした。よく見ると、方角によって生えている樹木や草花の植生が異なることに気が付いた。今まで来た道に生えている樹木や草花と同じ物が道の続きにも生えているはずと思い至り、注意深く観察した。すると、その先の一つの道に思った通りの植物が生えた道があり、その道を行くことにした。

これが正解で、歩を進めていくとキャンプ中の二人組と出会う。

教師をしているというお二人に食事を勧められ、テントの中で麦焼酎と魚の刺身、スープをいただいて午前二時過ぎまで語り合う。御好意に甘えて仮眠も取らせていただき、翌朝は午前五時に起床する。お二方に感謝と再会を約し、午前五時三〇分に阿蘇の山頂を目指す。

一心に登り続けると次第に夜が明けて天候も爽やかになり、阿蘇五岳の高岳、根子《ねこ》岳など稜線が一段と濃くなって、実に雄大な景色が目に入ってくる。命を削って歩く中で時折出会う、こうした絶景には大きな力をもらう。

頂上に到達すると、今度はテントを張っていた二人の青年と出会った。二人にコーヒーをいただき感謝する。朝のコーヒーは何とも言えず素晴らしい味わいであった。

一服した後は下山し、一宮町、高森町を過ぎる。こちらから見る阿蘇は朝日を受けた岩肌が突出し、誇らしげな顔で周囲を見下ろしているようであった。宮地から色見《しきみ》までの道は石がごろごろしている悪路であり、これも私にとって一生涯の深い思い出である。

午前九時五〇分に高森町に入り、朝食を取る。目的地の宮崎県の高千穂町までは四三キロほど。高森峠を下り、国道三二五号線を歩き続ける。一〇時二〇分、高千穂町に入り、居酒屋で食事をして宿泊先の旅館に午後一一時に到着する。

翌朝は七時に出発し、二度目の高千穂神社に参拝した後、タクシーで槵觸神社に詣でる。そして、高千穂駅から車中の人となるのであった。

⑭【昭和五九年一二月二八日～昭和六〇年一月一日】宮崎県・鹿児島県

門川町→日向市→宮崎市→都城市→国分市→鹿児島市（約二三〇キロ）

昭和五九年一二月二七日の仕事納めの日、来客との打ち合わせ及び会食を済ませ、事務所の掃除を終えて地下鉄の人となる。

息子の運転で大阪南港に向かい、午後五時三〇分の銅鑼の音と共に、船は一路宮崎県の日向港へと旅立った。年末とあって船内は大賑わいの中、妻が作ってくれた料理に舌鼓を打つ。床に就こうとするも、船内は暑苦しく、かつ賑やかでなかなか眠れなかった。

翌朝の七時三〇分過ぎ、昨夜の夕食の残りを食べるが、暑さで若干傷んでいるのではないかと心配になる。八時四五分に日向港に無事入港すると、勇気が湧いてきた。

タクシーで門川町まで生き、先月の到達点であるガソリンスタンドから海岸線に沿って国道一〇号線を歩き始める。だが、突如として腹痛が始まり、我慢できなくなって近くにあった喫茶店に駆け込む。私の嫌な予感が現実になった。下痢や嘔吐が収まらず、気づけば二時間ほど経ち、喫茶店の方が心配して病院に行きましょうと言ってくれた。

それでも無理やり歩き始めたが、体力は消耗しており、何とか五、六キロ歩いたあたりで病院に助けを求めることにした。点滴注射を一本打ってもらい再び歩き始める。

海岸沿いの道は海風が強く、やっとの思いで日向市美々津まで辿り着く。下痢や嘔吐のせいですっかり弱気になって休憩し、お茶の小さいペットボトルを購入して喉を潤す。都《つ》農《の》町を過ぎて、午前五時三〇分に高鍋町のガソリンスタンドで休憩し、足を休ませる。

宮崎市に入り、宮崎神社に参拝した後、大淀川を渡ると海からの風がとても冷たく感じられる。目的地である民宿を目指す途中、立ち寄った酒店の方と言葉を交わすと、栄養ドリンクを何と一一本もくださった。感謝の気持ちで思い出すと今も胸が熱くなる。

翌日は午前四時三〇分に起床する。大変寒い中を出発し、内陸部に足を進めて日向沓掛のあたりで夜が明ける。朝日に浮かぶ山々の影はまた格別である。足がかなり痛み、休む回数も多くなる。寒くて小便も近くなり、二、三〇分に一回の割合で催してくる。

霧島連山からの吹き下ろしで冷たい風が吹いている。都城市に入ると駅付近は非常に賑やかであった。国道一〇号線沿いのホテルに部屋を取り、妻に電話を入れる。

なお、私は日本一周を完歩するまでの間、出発前に必ず前述した行程表を妻に渡し、途中の折々で無事に歩行を続けているという報告の電話をすることにしている。

翌朝六時、まだ静かな国道一〇号線をスタートする。しばらくして宮崎県と鹿児島県の県境を越える。曽於《そお》市の喫茶店で野菜サラダを食べ、十分に休憩する。そして、旅館の予約を取り消して、このまま徹夜で鹿児島に向かうことを決心する。

大晦日の夕刻の国分市は街も静かで車も少ないように感じる。隼人町で夕食を取る。食堂の客は私一人で、テレビには「NHK紅白歌合戦」が映っていた。

すると突然、大音響が轟き渡り、硝子窓が振動して私は何事かと驚いた。

「桜島の噴火ですよ」

食堂の方がそう教えてくれて、〝そうだ、今、鹿児島にいるのだ〟と我に返る。

店を出ると、遥か対岸に鹿児島市内の灯りが見えた。鹿児島市に入ったのは午前六時四〇分頃であった。海辺の庭園にいたオートバイの女性に道を尋ねる。話をすると、初日の出を見に来られたそうで、私も同行することにする。ＪＲ日豊線の踏切を渡って磯海水浴場に足を踏み入れると、報道陣や空手道場の人たち、一般の人たちで一杯だった。

しばらくして日の出の時間が来る。海水浴場から見る桜島越しの初日の出は素晴らしく、実に幻想的であった。今年一年の私と家族の健康、そして無事に日本一周を続けられるよう願った。

鹿児島港で同郷の知人と会い、彼の車に乗せてもらって桜島を一周する。桜島桟橋前のホテルで正月料理をいただき、その後、周囲を観光し、帰路も知人の車にお世話になった。

⑮【昭和六〇年二月二八日～三月二日】三重県・愛知県

宇治山田駅→鈴鹿市→四日市市→名古屋市→熱田神宮→豊田市猿投町（約一四五キロ）

近鉄難波駅を午後〇時三〇分に発って、一路、伊勢路に向かう。

途中、奈良との県境を越えたあたりで雨脚が強くなり、三重県の松阪市に入っても雨が止む様子がない。予定通り伊勢市に到着し、タクシーで伊勢神宮に向かい参拝する。

その後、宇治山田駅まではバスで向かい、ここから名古屋の熱田神宮を経て豊田市を目指して歩き始める。足には防寒用ブーツを履き、まずは松阪市に向かって、国道二三号線を進む。雨が強いのと荷物が重いことに苦労するが、時速六キロのスピードで行進する。松阪市、津市、鈴鹿市を過ぎても雨は一向に止まず、気温は一〇度ではあるが、歩いている間は汗をかき、休憩すると汗が引いて寒くなるの繰り返しで体には良くない。四日市市には午後〇時三〇分に到着する。工業地帯とあって、名四道路は大型トラックが頻繁に走っていた。川越町を過ぎ、長良川、木曽川の二大河川を渡る。午後八時三〇分、ようやく名古屋市港区に入る。時折道路脇で休憩し、痛む足を休める。熱田神宮へのゴールが確信できた午後一一時四〇分、ホテルを探して床に就く。

翌三月二日は六時に起床する。熱田神宮参拝後は、豊田市を目指して歩き始める。翌日に開催される名古屋女子マラソンのために道路は通行規制が行われており、飯田街道の歩道は歩くことができず、側道もないため白線の上を歩くことになり足に負担がかかる。

名古屋市熱田区を過ぎ、瑞穂区、天白区、日進市を経て豊田市に到着し、名鉄三河線の始発駅である猿投《さなげ》駅より電車に乗って大阪まで帰る。

⑯【昭和六〇年五月一日〜五月四日】愛知県・岐阜県・長野県

豊田市→稲武町→飯田市→伊那市→岡谷市→諏訪大社→軽井沢町（約三〇〇キロ）

近鉄で名古屋まで行き、名鉄に乗り換えて終着駅の猿投駅で下車する。東の足助《あすけ》方面に足を進めるが、稲武《いなぶ》町の途中で足が痛み始めたので治療する。五月というのに寒くてたまらない。一旦、岐阜県に入って長野県の根羽《ねば》村に入る。すると、歩道が整備されており、その後はゴルフ場やスキー場が点在する長野の山中を約五〇キロ歩き続ける。故郷・信州の雄大さを感じる一方で、山また山の連続にはさすがに気圧《けお》されそうになる。

下り坂を頑張ってきたものの、今度は右膝が悪くなって歩行困難な状態に突入する。休憩を挟んで歩くものの、太陽が西に傾いて暗くなる中、まるで蟻の歩みほどの速さでしか歩けない。阿智村に入ったあたりで走っていた車が停まり、運転していた方が私の体を心配して旅館まで案内してくださり宿泊することにする。誠に感謝の言葉しかない。

ぐっすり眠って午前五時に起床し、出発して一〇〇キロ完歩する。

その翌朝、タクシーで昨日諦めた場所まで行って再び歩き始めるが、とにかく足が痛む。飯田市、治部坂《じぶさか》峠、寒原峠、上郷町、高森、松川町を歩く。

飯島町から二度目の徹夜行脚である。進行方向右に見える駒ヶ岳や鶴ヶ峰の山頂は白い雪を被っていた。風の冷たさは一段と激しくなり、伊那市に入る。

午後一〇時四〇分、南箕輪村を過ぎて箕輪町の旅館で一泊する。

翌朝は午前六時に出発し、岡谷市を通過中、松本、長野両市よりの長野自動車道の大工事が実施されていた。信濃路は朝夕、夜中が大変寒く、身支度も厳重装備が必要である。北アルプス、中央アルプス、南アルプスの連山は頂上を雪が覆っており、山からの吹き下ろしは五月晴れの関西から訪れた者にはとても堪える。

これまで約二〇〇キロ歩いているが、軽井沢町までは高低差もあって相当厳しい道程である。足が痛み、和田峠が直近の課題である。それでも聖岳や赤石岳、甲斐駒ヶ岳など、中央アルプスの山々の雄姿に接し、自然の神秘に無限の力と勇気を与えてもらった。

足の痛みも山の神秘に呑まれて前進あるのみ。自己との格闘であり、自然に妥協はない。信濃路は文字通り、「真（＝信）実を濃く味わう路」という意味ではなかろうか。

岡谷市を経て諏訪市に入り、諏訪大社に参拝した後は国道一五三号線を進む。

その後、霧ヶ峰高原のビーナスラインと別れ、新和田峠の陸道を行く。諏訪郡と小県《ちいさがた》郡の境にあるトンネルを出た直後に雨が降り出し、トンネルを出たところにある休憩所に向かうと、駐車場に大阪ナンバーの観光バスが停まっていた。

トイレに入ると、突然、声を掛けられた。

「藤巻さんでしょ！」

なんと子供たちが通った中学校で、共にPTA役員を務めた方である。私が「豊田市から歩いて来た」と告げると先方は大変驚いた顔をして、束の間の再会に旧交を温めた。

笠取峠を経て立科町に入ったのは午後四時過ぎ、蓼科山は残雪の雄姿で風が冷たく一際寒さが増してくる。長久保町、望月町のあたりは蓼科山の吹き下ろしで強い風が吹き、足も痛む。休みたいが休むところもなく、ビニール袋を被って数分間、足を止める。

かつての沓掛宿に入ると、軽井沢駅まで約二〇キロとの標識が見えた。今晩の夜行電車で帰るため、最後の力を発揮する。そして、ついに我が故郷の軽井沢に入る。

軽井沢駅に到着したのは、すっかり陽も西に沈んだ午後六時二五分であった。

軽井沢への別れを惜しみつつ、大阪駅着午前八時二七分の切符を購入し、足の治療を済ませて発車を待つ。翌朝の大阪は晴天で、妻の「ご苦労様。お風呂が沸いておりますす」の一言に癒やされる。風呂、治療、食事、着替えを済ませて車で会社に向かう。

⑰【昭和六〇年八月一一日〜一七日】長野県・群馬県・栃木県・福島県

軽井沢町↓前橋市↓足尾町↓日光↓南会津町↓会津若松市（約三〇〇キロ）

昭和六〇年八月九日、大阪発長野経由で軽井沢駅に到着する。兄の車で真楽寺に向かい、先祖の墓に妻が用意してくれた線香を備えて合掌し、旅の安全を祈願する。続いて母の生家の墓にお参りした後、茂沢にある実家に世話になる。

出発は八月一一日である。その日、午前三時に起床し、四時一二分、兄と固い握手をして別れ、小雨模様の中、目的地である会津若松市に向けて出発する。

碓氷峠に差し掛かり、群馬県内に入ると下り坂になり、車も少なく、朝霧で湿った夜明けである。旧中仙道を通る国道一八号線に入ると車も多く、危険であり、横川より中仙道に入る。関所跡や宿場町も現在では史跡として保存され、古《いにしえ》の記憶は歴史となった。

群馬県に入って松井田、安中と通り過ぎ、前橋に至ると歩くのも厳しい豪雨となる。普通なら今晩は徹夜の歩行の予定だが、雨で足元が悪く、疲れもあってビジネスホテルに泊まることにする。足の治療と洗濯をした後、床に就く。

翌八月一二日、前橋の朝は大変に涼しい。陽が昇る前に歩き始める。上泉、大胡《おおご》、粕川、新里と上毛電鉄の線路に沿って歩き、大間々に至る。

草木湖に到着したのは午後一時三〇分、昼食を取った後、沢入《そうり》トンネルを越えると栃木県に入る。頑張って足尾町まで歩くと、奇妙な体験をした。

こちらに向かってくる前方の人物が何やら不審な動きをしており、緊張しつつ通り過ぎる。何事もなく通り過ぎて安心していると、今度は私の後を追ってくるではないか。

〝いったい何者だ⁉〟

怖くなって足早に歩き始めると、その男もスピードを増して私を追って来る。

周囲に隠れる場所はないかと思い、仕方なく目的の方向とは違う橋を渡ることにして人様の庭にお邪魔し、木陰に隠れて息を潜めた。そうやって数分静かにして、しばらく後に左右を確かめると男は消えていて、私はホッと胸を撫で下ろした。

その後は気持ちを切り替えて国道一二二号線を進み、日光を目指すが、足の痛みは激しくなるばかりだ。やっと中禅寺湖の標識が現れる。日光東照宮、輪王寺とこのあたりは日光を代表する地でもあり、街全体は東武日光駅を中心に成り立っている。

今市《いまいち》に到着したのは午後五時頃で、宿を取るのはまだ早いので一七キロほど歩いて藤原町に入る。鬼怒川温泉に入る頃には一気に大雨となる。せっかくの温泉地なので民宿ではなく一泊五〇〇〇円の旅館に泊まる。

八月一四日の朝は雨も止んでおり、早朝の鬼怒川温泉街を眺めながら、一路、福島県へと歩みを進める。川治温泉から先は一段とカーブが大きい登り坂となり、五十里《いかり》湖を経て中三依《なかみより》、上三依を通り過ぎ、途中の民家を訪ねて電話を貸してもらう。

妻から、日本航空の一二三便が群馬県上野村の山中に墜落する大惨事が起きたと知らされ、あまりの惨劇に言葉を失うしかなかった。

栃木と福島の県境の山王トンネルを通過し、夜中の〇時頃、福島県に入る。

下り坂が続き、足が激しく痛むが休憩する場所がなく歩き続ける。八月というのに会津の朝は涼しい、いや寒さを感じるほどであった。しかし、陽が昇ると一際暑くなる。

あまりに暑いので、「かき氷」の看板が出ている店に入る。六〇代後半と思しき女性がかき氷を作っており、私が頼むと四、五人の子供たちが後に続いた。

今晩の宿は芦ノ牧温泉と決め、後一〇キロほど歩くことにする。芦ノ牧橋を渡る手前に旅館街があり、国民宿舎もあった。土産物店で宿の話をすると、お盆でどこも満室とのことであった。国民宿舎を訪ねてみるも満室で、野宿も考えたが、国民宿舎の職員の方がこれから会津若松まで帰るとおっしゃるので、車に乗せていただき会津若松市に向かう。

会津若松に到着し、お礼を言って別れる。数軒のホテルを聞いて回るが、どこも満室だった。一軒、正面玄関のドアが閉まっている旅館があった。横のドアを開けて空室かどうか尋ねると、「冷房がありませんよ」と言われる。それでもいいので部屋を取る。

翌朝は午前四時に起床し、前日の車移動の分を歩くべく、芦ノ牧温泉まで南へ一七キロほど歩く。今日も非常に暑い中、鶴ヶ城や飯盛山を眺めながら、一〇時五〇分、芦ノ牧温泉に到着する。帰りは電車を予定していたが不便なため、バスで会津若松まで戻り、電車に乗って新潟駅を経由して大阪行きの夜行電車に乗り込んだ。

福島県会津若松市を縦走中のとある橋にて。
絶景が疲れた心身を癒してくれる

⑱【昭和六〇年一一月二三日～二七日】愛知県・静岡県
豊田市→豊川市→豊橋市→浜松市→藤枝市→静岡市（一六〇キロ）

一一月二三日、近鉄電車に乗って出発する。

雨模様の午前〇時過ぎ、名古屋駅で名鉄に乗り換えて知立《ちりゅう》から豊田市の平戸橋駅まで行く。周囲の景色は紅葉も終わり、秋というより初冬の感が強い。

岡崎市を経て豊川市、豊橋市と通り過ぎた頃に足の痛みを感じる。愛知と静岡の県境は実に平坦である。これまで大抵の県境は山岳地帯であったが、この地は変化がない。

湖西市、新居町と歩き、浜名湖に到達する。連休のために旅館は満室だったが、浜名湖に浮かぶ弁天島の旅館が取れた。だが、新幹線と東海道線がすぐ傍を通っているため騒音がひどい。数時間の仮眠を取って午前三時三〇分に起床し、五〇分に出発する。

東海道は松並木が続く良い街道筋であり、神社も多い。浜松市も良い街並みであった。

大井川は強く冷たい風が吹いている。足が痛み、体が疲れているのに休憩を取る場所がない。藤枝市に入ると足の疲れのためか歩くペースが上がらないまま朝を迎える。藤枝市は横に長く、岡部町に着いたのは午前八時頃であった。

宇津ノ谷トンネルを過ぎるとついに静岡市に入る。途中の峠で朝食を取り仮眠を取って静岡市内に足を踏み入れる。静岡市内は交通量も多く、街も賑やかである。国道一号線が二股に分かれるあたりで富士山が目の前に現れて元気をもらう。

山頂は真っ白く冠雪しており、やはり、〝富士は日本一の山〟である。

とうとう静岡駅に到着する。この先、清水、蒲原《かんばら》、沼津、三島とさらなる東征を予定していたが、体力、気力に乏しいので次回とし、静岡駅から新幹線で大阪へ向かう。

第三章　生きる神髄

昭和六〇～六二年〈五六歳〉九州、中部、関東、近畿、東北、北陸地方

⑲【昭和六〇年一二月二八日～昭和六一年一月一日】大分県・福岡県・長崎県

日田市→武雄市→多良見町→長崎市（約一八〇キロ）

慌ただしい年末の一二月二七日、事務所の大掃除を済ませて帰宅し、午後七時に南港から船に乗って新門司港に向かい、翌二八日午前八時三〇分に到着する。

門司駅から電車に乗って、大分県の日田駅に午後一時三〇分に着く。玖珠《くす》川から筑後川に合流し、有明海を目指して歩く。その後は国道三八六号線から二一〇号線に入り、福岡県に戻って浮羽町に至る。吉井町、田主丸町を経て午後一一時五〇分頃に市内に入る。

朝の筑後川沿いは寒く、また、この川は水量が多い。この川を境に佐賀県に入る。

その頃から雨が降り始め、雨具の準備をして武雄市に向かう。武雄市は温泉の町で、喫茶店で一休みすると、コーヒーの器が有田焼で心も落ち着く。だが、市街地はまだ二キロ

先とのことで、リュックサックを背負って再び歩き始める。

武雄温泉駅のタクシー会社でビジネスホテルを教えていただき、泊まることにする。

翌朝は午前六時に起床し、雨の中を嬉野温泉に向かって歩き始める。嬉野温泉を過ぎて、俵坂峠を越えて長崎県に入る。雨脚は強くなり、午後一一時頃に大村市に入る。

大変寒く、冬支度を整えて長崎市内を目指す。長崎市内に入ると、家々は山に面して建ち並び、坂道が非常に多くなる。午前一一時二〇分、長崎駅に無事到着して食事を取り、妻に電話をする。その後は電車で福岡駅に向かい、新幹線で大阪に帰る。

⑳【昭和六一年三月一九日～二二日】静岡県・神奈川県・東京都

静岡市→三島市→箱根峠→大磯町→横浜市→品川区→浅草橋（約二二〇キロ）
三月一九日、新大阪駅を午後七時二〇分に発車する新幹線に乗車する。
どんより曇った静岡駅に下車する。前回来た時よりは暖かいが、今にも雨が降り出しそうな天気だった。日付が変わって午前〇時過ぎ、清水に入った頃には小雨となる。由比町、蒲原町を通過する。この付近に来るとパルプ工場の異臭が漂っている。
富士川に到達した頃には夜が明け、富士市に入る。絶景だが風も強く寒さに震える。

富士市から沼津市までは農家があり、海岸線と山麓の間に田、畑、道路がある。バイパスは車の通りが激しいのでコンクリート堤防の上を歩く。右手に広がる海の風景は素晴らしいの一言で、千本松の並木の横を国道一号線が通っている。

途中、左足大腿部の横が痛み、強い痙攣が起こり、歩行できない事態が発生する。宿を取って休むことも考えたが、内股で歩くと若干楽になるので歩くことに。だが、一〇分くらい歩くとまた痛み出し、ガソリンスタンドでトイレを借りて痛み止めスプレーを使用する。

三島市に入り、地元の方に「箱根の峠に行くにはここからですか？」と聞くも、一〇人が一〇人、山頂付近へ徒歩で行く道が分かる人はいなかった。

三島市街より箱根峠に上る麓を出たのが午後五時三〇分。宮ノ下まで旅館がなく、昨日の徹夜で三〇キロ以上は無理と考えた。一一キロ先にホテルが一軒あると聞き、看板もあった。街灯が立つ道路は右に折れ、左に折れしている。彼方に三島や熱海の夜景が見えており、これこそ夜間歩行の醍醐味と悦に入るも非常に寒く、寒暖計を見ると零度を指していた。ホテルの灯りが目に入り、玄関に入って支配人らしき男性に部屋を頼んだ。

一泊一万五〇〇〇円と言われ、「これから東京まで歩く予定です。五〇〇〇円くらいで泊めていただけませんか」とお願いするも、最低価格は六五〇〇円と言われてしまう。

私が困っていると、横にいた夫人が「お父さん、五〇〇〇円で泊まっていただきましょう」と助け船を出してくださり泊まることができた。感謝申し上げる。

午前三時過ぎに起床して三時四〇分に出発する。

箱根の嶺は〝天下の剣〟である。静かな山中を登り、夜が明けた頃に山頂に辿り着く。芦ノ湖沿いに六、七キロ歩いて箱根神社前をまた宮ノ下方面に向かうと登り坂となる。強羅のホテル街を左に見て下山し、小田原市内に入ると人出が多く一段と賑やかになる。

国道一号線を進み、吉田茂元総理の別荘がある大磯を過ぎ、藤沢市に入る。その先、横浜市保土ヶ谷区の歩道はあまりにお粗末で終始自動車に気を遣っての歩行であった。

新横浜駅から先、川崎までの歩道は整備されており、久しぶりに力強く元気に歩けてスピードアップできた。だが、横浜から降り出した大雨は風と相俟って激しくなる一方で、東京に入って大田区大森の交番の巡査が「大雨ですから休憩しませんか?」と親切に声を掛けてくださり、熱い日本茶を淹れてくれた。ストーブも強くしてくれて大変ありがたかった。

一休みした後、感謝の気持ちを表して再び歩き始める。

大井町、品川と雨に足の痛みも加わり、頑張ろうとしても痛みは増すばかりである。延々歩いても品川に到達しない。宿泊するところもなく、スピードを出した車の水しぶきを体中に浴びる。北品川でやっと旅館を見つける。一泊三五〇〇円の三畳の狭い部屋だった。下着も腰まで濡れてはいたが、過労のため風呂に入るのをやめて眠ることにする。窓越しに外を見ると雨風はより一層激しくなっていた。

朝の五時に目覚めると、外はまだ大雨だった。電話で巣鴨に住む弟に電話し、「これから神田まで歩いた後、貴宅に参上します」と伝える。

大雨の中を歩き始めるが、品川駅までの途中で傘の骨が折れてしまう。それでも足を進め、東京駅を過ぎ、神田周辺に入った頃、大雨は大雪に変わった。ほどなくして一メートル先も見えないほどの猛吹雪となり、歩くのさえ困難を極めた。

大雨、大風、そして大雪と、この短時間で三つの〝大〟を体験し、改めて自然の脅威を目の当たりにした。しかし、如何なる環境にも負けずに挑戦する。それが物事の〝定規〟である。人生は何事も目標を持って行動すると必ず達成できる。逆に、目標のない人生は味気なしで時間の浪費でもあり、周囲にも少なからず迷惑が発生するのだ。

猛吹雪によって周囲の建物や道路が真っ白に塗り替えられていく。日曜であるため行き来する車が非常に少ないのだけが助かる。何とか浅草橋駅に到着し、駅の係員に「静岡駅から歩いて来た」と話すと、皆さん大変驚いて、「実に立派です」と称賛してくれた。

三〇数年ぶりに総武線に乗り、秋葉原駅で乗り換えて山手線で巣鴨駅に到着し、弟に電話する。大雪の中、五、六分ほどで迎えに来てくれた。

弟宅では風呂を沸かしてくれていた。寒さが激しく体が冷えていたので熱い風呂は体に一番の御馳走であった。弟たちと談笑した後、床に就き、翌朝、東京駅から新幹線に乗り込む。車窓から見える東京の街は、まさに一面真っ白な絶景であった。

㉑【昭和六一年四月二六日〜五月二日】福島県・山形県・宮城県・岩手県

会津若松市→磐梯山→米沢市→山形市→仙台市→一関市→盛岡市（約四〇〇キロ）
待望の東北路に挑戦するため、二週間以上前より、自宅から会社までの往復約二、三〇キロを毎日歩いて足腰を鍛錬し、妻の協力による準備も完了する。
昭和六一年四月二五日、仕事を終えた後、午後一一時二六分の大阪発新潟経由会津若松行きの夜行列車に乗る。午前一〇時四八分、会津若松駅に到着する。
四月下旬でもこの地はまだまだ寒く、第一目標を磐梯町方面に取り、磐梯ゴールドラインを磐梯山寄りに歩き始める。磐梯ゴールドラインは急カーブが多く、歩いて真っ直ぐに登るのが困難なので、道路脇に立つ木の枝に掴まりながら何とか登り続ける。

磐梯山の中腹、海抜一三四〇メートルからの視界は悪く、展望も良くない。頂上への路面には雪が多く、山肌は真っ白である。午後六時以降は自動車は通行止めとなり、磐梯山頂は夕刻より私一人の山となり、感慨深い。真夜中の山中での単独歩行となった。

山頂から降り、午前一〇時三〇分、妻の弁当の残り半分を食べ、磐梯ゴールドラインの終点近くで残りを食べる。周囲に食事する店もなく、休憩所もない一面雪の世界で腰を下ろすところもない。数キロ歩くとホテルが見えてきて、いろいろ訊ねてみるが、一切の店が閉まっており、仕方なくホテルで一六五〇〇円と高額の食事をする。

翌日、標高二〇三五メートルの西吾妻山の道路も急カーブの多いところで、何十回もスピンを繰り返し、山頂で福島、山形の県境を越えて米沢市に入る。そこからは急勾配を下るのだが、足の痛みが強くなる。途中、最上川源流の碑があったので写真に撮り、米沢市の市街地に入る。米沢は上杉藩の地で、神社その他の史跡が多い。

米沢市を経て後、上山市《かみのやま》には上ノ山温泉がある。大雨の中、到着するも宿がなかなか取れず、数キロ歩いて泊めてくれる宿を何とか見つけて三日ぶりの休憩を取る。

翌朝、午前六時に出発する。

桜が満開の中、右手に蔵王山を眺めながら歩いていると、今度は山形県下の中心市・山形市内が一望できるようになる。笹谷街道に入り、宮城県の仙台市方面に向かう。至るところで桜の花が満開で、桜と共に北上しているようで楽しい道行でもある。

笹谷トンネルに到着すると、東京サミット開催に伴う通行規制で、自動車の厳しい検問をしていた。トンネルを出た後、川崎町一帯は山また山の道路だった。川崎町の中心地は大きな桜並木が続く実に立派な町であった。ついに釜房湖に到着する。

名取川沿いに国道四八号線で南赤石から仙台南インターチェンジを経て鈎取《かぎとり》と急坂を上り、また下り、仙台市内に入るまで大変な悪路が続き、疲労も激しくなる。南より大回りして広瀬川を渡って青葉城跡を眺めながら仙台駅に向かう途中、桜が満開で感動する。

仙台駅の北側に当社の「サンマッサー　丸菱産業」の看板があり、それを見ると疲れが飛ぶ。泉市を経て富谷町、大和町と桜は見事に咲き誇っており、田園風景もとても良い。特に大衡《おおひら》村の中学の校庭と街道沿いは満開の桜並木で疲れを吹き飛ばしてくれる。

昨晩以来の徹夜で、古川市まで行かないと宿がないのではないかと心配だが、まるで桜の花が〝そんな心配は無用だ〟と励ましてくれているようだった。

三本木町に入る頃には暗くなり、彼方に赤と青のホテルの看板が見えて来て、その場所目指して進む。素朴なご夫婦が経営しており、一晩の宿が決定する。

翌日、午前五時過ぎに起床し、宿の方に挨拶して古川市へ。金成《かんなり》町に入ると栗駒山が見える。山頂は白雪を被っており、夕方になるとかなり温度は下がってくる。

午前〇時頃の温度は零度～二度と低く、眠気も激しくなり、自動車やトラックが通り過ぎるため歩行が困難になってくる。仕方なく停まっていたトラックに休ませてもらえないか頼むも呆気なく断られ、札幌ナンバーの乗用車の方にお願いすると快諾してくださり、三〇分ほど休憩させてもらう。

再び歩き始めるも外気は大変寒く、午前三時頃、岩手県の一関市に入る。この地も桜が咲いており、右手一面に市街地が広がっていた。さらに坂道を上ると平泉町に入る。ここも桜が満開で、奥州藤原氏ゆかりの中尊寺に参拝し、栄華を誇った奥州藤原氏の権力の象徴でもある金箔に覆われた金色堂を堪能する。

中尊寺を出た後、食事をして、薬局で薬を買って水沢市方面に向かう。

水沢市に到着したのは夕刻で、強く冷たい風が肌を刺すように痛い。南西方面の雲が黒く、今にも雨が降りそうな気配である。猛スピードで金ヶ崎町、北上市へと歩く。北上駅の西側に見える奥羽山脈は白雪をまとい、寒さも厳しく雨が降り始める。

北上川は増水しており、人通りも少ない。花巻市に入ると足の痛みがひどくなり、途中の鍼灸院で〝鍼〟を打ってもらって休憩する。その後も懸命に歩くが、昨晩来の雨でなかなか進まない。しかし、そんな中でも満開の見事な桜が私を元気づけてくれた。

盛岡駅へは北上川の堤防沿いに歩き、はるばる四〇〇キロ歩いて午前一〇時二四分に到着する。盛岡は岩手県の中心地であり、人出も多く賑わっている。

新幹線の車中の人となると、苦労して歩いてきた道を新幹線という文明の利器は一瞬にして通り過ぎていく。大阪は大雨で、妻が地下鉄の駅まで出迎えてくれた。

我が家の食事、風呂、夜具……どれを取っても気の休まることばかりで、〝今いるところが一番大切である〟と感じた。と同時に、白雪と桜の香りに包まれながら歩いた東北の平和な田園風景を深く追憶しつつ、また心の糧としたい。

㉒【昭和六一年五月三〇日】大阪府・奈良県・三重県

大阪玉造神社→伊勢神宮（約一七〇キロ）
「伊勢迄歩講《あるこう》」の第二〇回、第二一回、第二二回と三年連続して参加してきた。

だが、今回はそれとは別の目的があり、新緑も鮮やかになってきた昭和六一年五月三〇日の午後七時一〇分、近鉄の宇治山田行の電車に乗り込む。伊勢市駅には午後九時ちょうどに到着する。広場には外宮の大鳥居が聳え立っており、日本人の心の故郷に帰って来たようになるから不思議な地である。

伊勢市駅付近の喫茶店、食堂などは既に閉店していた。暗い大鳥居のあたりで待つこと三〇分、息子と息子の下宿先の友人が車で迎えに来てくれた。

夕食は息子がカレーを作ってくれるそうだが、必要な品々を近くのスーパーで購入して息子の下宿に向かう。到着は午後一〇時過ぎであった。

翌三一日の午後一時、息子が車で送ってくれて、まずは伊勢の内宮に徒歩で参拝する。五箇川の清流は前回の参拝より水位が高い。皇太子さまと美智子さま（現上皇ご夫妻）が乗馬されたという白馬がいて、記念撮影をする。

神苑はいつ眺めても綺麗で気持ち良く管理されている。神宮内の新緑の香りは強く鼻を突く。静かな中にも強いエネルギーが私の体に沁み込んでくる。大自然と一体となっている伊勢神宮の荘厳さと行き届いた管理、我々の祖先は実に偉大であると痛感する。

六月一日午前七時、息子が通う大学に集合し、今回の目的である式年遷宮の「御木曳《おきひき》」

に参加する。御木曳は式年遷宮で用いられる檜を、内宮用材は橇に積んで五十鈴川を遡り、外宮用材は奉曳車《ほうえいしゃ》に積んで市内を外宮境内まで曳くものだ。古来よりの儀式に際し、一〇〇〇人近い人々が沿道を練り歩き、外宮の入り口まで曳いて、外宮で解散する。

　御木曳の後は、息子の同級生や大学関係者など計一〇名の人たちと喫茶店で楽しく語り合い、非常に良い思い出として心に残る。私にはこれが最後の式年遷宮参加であり、歴史上に私の足跡が永久に残り、参加の意義が誇れるものである。

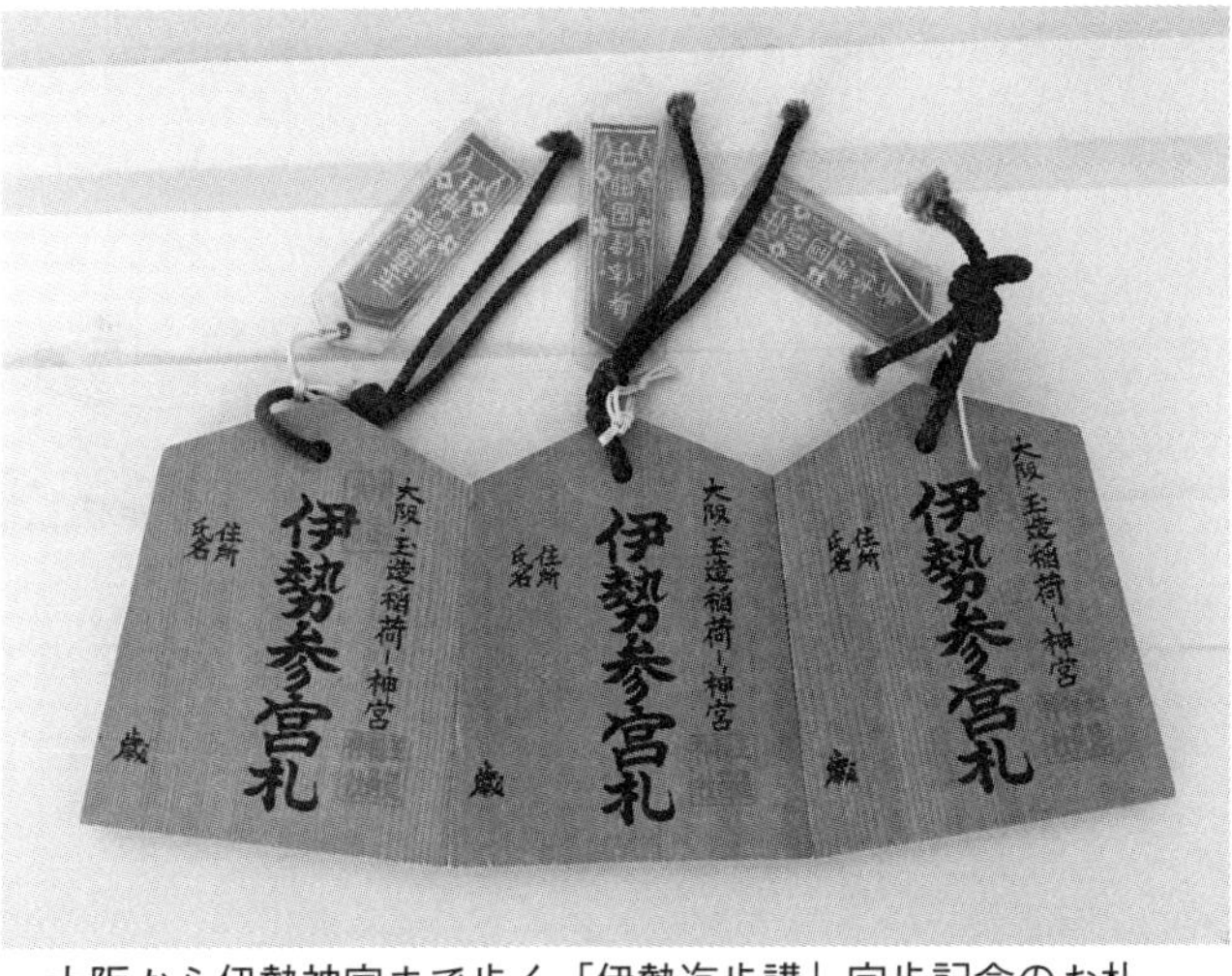

大阪から伊勢神宮まで歩く「伊勢迄歩講」完歩記念のお札。
総距離数約150キロを 3 回完歩した

㉓【昭和六一年八月八日〜一五日】岩手県・秋田県・青森県

盛岡市↓雫石町↓角館市↓秋田市↓能代市↓大館市↓青森市（約四一〇キロ）

昭和六一年八月八日、午前四時に起床し、始発電車に乗って新大阪駅に向かう。午前六時発の新幹線は客が大変少ない。これまで歩いた東海道の旅の光景が車窓に展開され、足の痛みをこらえて一歩一歩前に進んだ当時の記憶が呼び戻される。

前回の旅ですっかり東北が好きになっており、今回は東北各県に足跡を付けて歩く旅のため、まずは盛岡駅から秋田県を目指す。岩手山は五月の時は白い雪を被った姿だったが、今日は雲で覆われていて見えなかった。

滝沢村は岩手山麓の村である。秋田街道を西に歩を進め、雫石町から赤渕駅に向かう。午後六時三〇分頃、これから岩手と秋田の県境に差し掛かる。

駒ヶ岳の南、仙岩トンネルを過ぎると秋田県に入るのだが、山また山、川また川の県境である。トンネルの入り口に到着したのが九日の午前〇時五三分。周囲には街灯もあり、トンネルを出た後は一路、田沢湖町方面へと進む。暑い夏でも夜の山中は肌寒く、上着を脱ぐことはできない。右に大きく曲がると田沢湖町だが、私は真っ直ぐ角館《かくのだて》市に向かう。朝になって夜が明けると今度は霧が出てくるのだが、霧が出ると大変暑い。

角館は大勢の観光客で賑わっており、サイダーと氷を買って飲み、暑さをしのぐ。

地元の方に聞いた奥羽本線が走っている羽後境駅付近の旅館に泊まる。

河辺町の朝は、山と田畑が広がり歩いていても実に気持ちが良く、昨晩も十分眠れたので体も軽い。秋田市に入ったあたりでレストランを見つけ、朝食をいただく。店内にあるテレビでは高校野球の大阪代表と埼玉代表が試合をしていた。

羽後牛島の駅を越えると三皇《さんこう》熊野神社里宮という神社を見つけ、宮司の母上の案内で参拝をさせていただくと、お茶を淹れてくださった。御守札の他に酒や煙草、タオル、手拭いも用意してくださり、更におにぎり三個と

深夜に岩手と秋田の県境を歩く

味噌汁まで御馳走になり、誠に感謝の念を覚える。

秋田市を出た後は日本海に沿って進み、男鹿《おが》半島と能代方面の分かれ道に追分がある。秋田から追分のあたりは家並みが良く、採れる果物も多く自動車で買いに来るお客も多いようだ。飯田川町で食事をしていると地元の方々に声を掛けられ、雑談をする。

五城目町を経て東に向かい、鷹巣町に入ると再び山岳地となる。そこから私は能代に向かうため琴丘町方面へと西進する。干拓で有名な八郎潟に着いたのは真夜中であった。

山本町を経て金光寺に至る手前で出会った酒屋の奥様からおにぎりをいただき、朝食とする。いよいよ能代市に入る。この付近の産業、文化、農業の中心は能代である。二ツ井町は山々ばかりで、この土地は田んぼも多く米代川の大きな流れがあり、農家も暮らしぶりが良いと思われる。ガソリンスタンドの方のお世話になり、二日目の宿が決まる。

翌朝、早くに出発する予定であったが、雷鳴と大雨とでスタートが遅れ、午前五時三〇分頃に宿を出る。その頃には雨も上がっており、歩くのも楽しく感じられてくる。

能代市からは東へ内陸部に進み、田代町から大館市に向かう予定である。

大館市を歩行中に、突然、荷物を載せた旅行用カートの取っ手が傾いてしまう。そのままだと腕が疲れてしまい、途中で自動車修理工場の工場長に修理をお願いしたところ、快諾していただく。修理が済むまで休んでいる間、よく冷えた西瓜を御馳走になる。料金わずか六〇〇円で修理していただき、工場長さんに感謝して国道七号線を進む。

大館市の駅前通りにある食堂で食事をする。大好物の漬け物を大皿で出していただき、久しぶりの味に舌鼓を打つ。今夜は徹夜で歩くと言うと、明朝の食事用におにぎりと飲み物、果物、漬け物をたくさん用意してくださった。何度も感謝の念を伝えて出発する。

午後九時三五分、大館駅から北東に向けて再び歩を進める。

途中、芝谷地《しばやち》湿原植物群落の看板を目にする。さらに、七号線を進み、長走《ながばしり》風穴、矢立峠を経て、秋田と青森の県境を越える。青森県に入るとそこは津軽湯の沢で碇ヶ関村に向かう。碇ヶ関御関所《おんせきしょ》跡を出て、大鰐町まで平川の流れに沿って歩く。

大変眠くなってきたが、何とか弘前市まで歩く。弘前市に入ると道の両脇にリンゴの木がたくさん並び、消毒薬のせいかリンゴの表面が真っ白になっていた。

弘前市からは東に進んで黒石市に入り、続いて浪岡町に進むが、道はかなりの悪路であった。あたりは暗くて尋ねる人にも出会わず、旅館を探すこともできないので、青森市方面に進む。途中、花火をしている子供たちに近くの旅館を教えてもらい、一夜の宿を取った。とても綺麗な旅館であった。

翌朝、六時に目覚めるとまたも大雨で出発が遅れる。今日は八月一四日、大阪を出発してちょうど一週間が経った。旅館を出て青森市を目指す。大釈迦《だいしゃか》を過ぎるといよいよ青森市である。青森駅に近づくに連れて町は賑やかさを増し、東北本線の北端の地であることに思い至る。特に青森駅近くの陸橋下に東北本線、奥羽本線が大きくカーブして駅構内に入っていく様は感動しかない。

さて、青森駅からは電車に乗って恐山を訪ねてみることにする。

東北本線に乗って野辺地駅から大湊線に乗り換え、さらに大畑線田名部駅で下車する。恐山行きのバスは既になく、駅前に数台の車が停まっていて、その横で若者たちが話をしていた。

「恐山まで行きたいのですが、その方面に行く方はおりませんか？」

私が声を掛けると、一人の若者が「私が連れて行ってあげましょう」と言ってくれた。お礼をしたいと言うと、友達の分も含めてジュース四、五本で十分ということでお金を差し上げた。雨の夕刻、勝手知ったる若者の運転で恐山を目指す。すれ違う車も少なく、やがて硫黄の臭いが鼻を突き始め、不気味な感じにさせられる。

やがて恐山に到着した。若者にお礼を言って歩き出すと小さな湖があり、至るところで水蒸気が上がっていた。神社や民宿のような建物が並ぶ賑やかな場所でもあった。しばらく散策して、帰りは出会ったご夫婦に大湊駅まで乗せてもらい助かった。大湊港は夕陽が海面を美しく照らし、金色に輝く極めて印象的な景色であった。港に停泊する原子力船むつを見る。近くの店で缶ビールなどを買い求め、送っていただいたご夫婦にお礼代わりに差し上げる。すると、「青森市内まで帰るので送って差し上げましょう」と言ってくださって感謝する。青森行きの電車はもうなかったので大変に助かった。

途中、そのご夫婦と一緒に焼肉料理を食べて、青森駅には深夜に到着した。旅館に預けておいた荷物を受け取り、一緒に近くの喫茶店でお茶と軽食をいただく。ご夫婦には長い道程を送っていただいたことを深く感謝

青森県下北半島にあって、人々の信仰の対象でもある恐山を訪れる

し、再会を約束して惜別する。

周囲が薄っすらと明るくなり始めた午前四時三〇分、大阪行きの電車（日本海回り）に身を委ねた。

㉔【昭和六二年四月二六日～五月三日】島根県・鳥取県・兵庫県・京都府・福井県

出雲大社→松江市→米子市→城崎町→舞鶴市→小浜市→敦賀市→永平寺（約六〇〇キロ）

昭和六二年四月二五日、午後一〇時二〇分に発車する夜行列車で大阪を発つ。

島根県に再び参上するが、晴れ渡る時は少なく、今回も到着と同時に雨降りになる。雨具を整えて、まずは出雲大社に参拝する。今回の旅は約六〇〇キロと、五府県に及ぶ長旅なので、慎重に事を運ぶ。特に交通法規を遵守し、正しく行動することを心掛ける。

しかし、雨が大変激しく降っており、風も強くて自分の思うように進まない。斐川町に入り、斐伊川を渡って吹く風が強く傘を差すことすらできない。

松江市に入ると建物も大きくなり、旧家屋も並んでいる。左手には松江城もあるというが、私は目的が異なるので見物はできない。周囲には八重垣神社、武内神社、出雲国庁跡、熊野神社などの旧跡があり、日本国の成り立ちを語る資料に不足はない。

安来《やすぎ》市から米子に向かう途中、鳥取県との県境になる。県境の手前で島根県警の警官三名に職務質問され、最初は若干、抗議もするが、その後は楽しい会話で別れ際には旅の無事を祈ってくださった。米子市の大丸百貨店に午前五時三〇分に到着する。これより境港市、関の五本松で有名な美保神社に行く。境港は大きな港で漁船がたくさん停泊していた。近隣には航空自衛隊の基地もあり、その関係者らしき方々の通勤風景を目にした。

鮮魚を水揚げしている漁場での朝食を楽しみにしていたが、店はまだ開いておらず、美保関港でもイカ焼きが五〇〇円と高いので我慢する。米子市に戻って見掛けた食堂で朝食と十分な休憩を取り、雨具を整備して再び歩き始める。

大山を目の前に風が冷たい日野川を渡り、大山隠岐国立公園の北を日吉津村《ひえづそん》、淀江町、大山町《だいせんちょう》と通過する。その後は旧道を歩いて名和町に至る。この付近からは日本海を眺めることができるが、信州生まれの私は、実は海より山や川の方が好きである。

その先からは国道九号線に入り、名和駅、御来屋《みくりや》駅、下市駅まで海岸沿いには墓地が多く目に付く。このあたりは二十世紀梨や葡萄の産地のようだ。

夕陽が沈み、空腹と疲れが増しており、赤碕町に入る頃には周囲が暗くなってくる。

一軒のレストランで痛む足を休め、食事の注文をした後、店の方に今晩の宿の相談をすると、一軒の宿を探してくださる。しかも、旅館に電話までしていただくと、レストランまで車で迎えに来てくれることになった。皆さんに心より感謝する。

翌朝は五時に出発し、東伯町の国道から旧道に入る。大栄町に入ると農道が中心で、田畑で働く農家の方々、特に女性たちをよく目にする。

北条町、羽合《はわい》町と、今度は海岸線を歩く。泊村から先は高低差があり、青谷町を眼下に眺め、気高《けたか》町浜村には温泉の入り口の標識がある。この付近の人々は温泉で日頃の疲れを癒していることだろうが、私は徹夜の歩行だ。途中で休憩して夕食を取り、体調を整えて鳥取市に向かうと、〝因幡《いなば》の白兎《しろうさぎ》〟で有名な白兎《はくと》神社があり、参拝する。

トンネルを過ぎると鳥取砂丘が目に入る。岩美町から国道九号線と別れ、一七八号線を進み、鳥取と兵庫の県境から道路は急勾配で、地元の方は〝七曲八坂〟とおっしゃっていたが、眺望は非常に素晴らしく、海の色は紺碧とかつてない絶景であった。

居組《いぐみ》の港で昼食を取ることにし、新鮮な魚を期待していたが、残念なことに少々期待外れであった。疲れもひどく、浜坂町の国民宿舎に部屋を取って眠りに就く。

翌朝は四時三〇分に出発する。久谷駅から桃観峠《とうかん》を上り、前年に強風で死傷者を出した転落事故が起きた余部《あまるべ》鉄橋の付近で朝食を取り、鎮魂の念で鉄橋を眺める。

香美町に入ると、漁港も大変な活気を感じる。竹野町但馬マリンライン道路は広く、歩道も幅があって歩きやすくスピードも上がる。

城崎駅付近から雨が降り始め、やがて本降りになり、雨具を付けて楽々浦《ささうら》、三原峠に至り、いよいよ京都府に入る。その頃にはだいぶ明るくなり、久美浜神社に参拝するまで国道三一二号線を菱山峠を越えて峰山町、大宮町を歩く。

途中の食堂で夕食を取って、探していただいた旅館に泊まり、翌朝は三時に出発する。有名な天橋立を通り過ぎ、宮津市内で大工さんたちに交じって朝食を取る。国道一七八号線は交通量が多いので、途中から山道に入る。起伏の激しい過疎の地で、蛇も数回見た。

舞鶴市に入ったあたりで、先ほどより出会う地元の方から、私同様荷物を背負って歩いている青年がいるとの話を何度か聞いていた。その後、道端で休憩していると、話題の青年が目の前に現れて、固い握手をする。せっかくなので近くの喫茶店に入り、いろいろな体験談を話し合う。夕食を御馳走し、しばらく一緒に歩くことにする。

バス停留所で宿の探索をしていると、警察官二名が現れた。住民らしからぬ支度を見て不審に思ったのであろう、私たちに職務質問をしてきた。だが、私たちの話を聞くと、今度は一転して労苦を労ってくださり、大いに励ましてくれた。

福井県に入って高浜町、大飯《おおい》町と夜通し歩き、青年に朝食を御馳走する。その後は、いよいよ別々の行動になるので別れを惜しみつつ、歩くペースを早めることにする。

小浜市に入ると大雨になり、風も強く、一段と寒くなる。寒さが激しくなった上中町で宿を取り、床に就くも寒くて眠れず、電気アンカを借りて布団の中で手を合わせ、暖かさに感謝して眠る。翌日は、足の治療をして午前三時に宿を出る。

倉見峠から三方《みかた》町に向かう。美浜に近いあたりの海岸も、心に残る非常に美しい海岸であった。敦賀市に到着し、駅前付近で写真を撮る。これより夕食を取って、徹夜で永平寺に向かう。午後八時、妻に電話した後、出発する。

河野村のあたりは山また山で、真っ暗な中に海もぼんやりと見える。敦賀トンネル、武生トンネルとトンネルが実に多く、武生《たけふ》市に午前五時頃到着し、二四時間営業のガソリンスタンドで休憩させていただく。武生市から先、鯖江市へと急ぎ、福井市内に入るには国道八号線と別れないといけないが、鯖江市から永平寺に向かうことにする。

ところが、山また山、トンネル、農道と想像とは違う道が続き、高い山を越えて一周した感じで足が痛み、荷物も重く感じる。途中、一乗谷朝倉氏遺跡など、戦国大名の史跡を通り過ぎるが、足の痛みが一段と強くなりながら懸命に歩くも辿り着かない。

九頭竜川かも知れない川筋を歩いて美濃街道に入るが、永平寺に到着するのに一体いくつ山を越えればいいのかと思うと心身共に疲れ切り、歩くことができずストップする。タクシーも来ず、工事関係の作業車が来たのでお願いすると、気持ち良く乗せてくださって感謝する。ところが、まだまだ先だと思っていた永平寺に車はあっという間に到着してしまう。だが、時既に遅く山門は閉じており、参拝は叶わなかった。

永平寺からは京福鉄道越前線で福井駅まで行き、土産物を買って大阪に帰る。

㉕【昭和六二年七月四日〜六日】滋賀県・岐阜県・愛知県

比叡山坂本駅→守山市→近江八幡市→米原市→大垣市→名古屋市（約一五〇キロ）

午前五時に起床し、先祖に挨拶をして五時三〇分の地下鉄に乗り、淀屋橋、京都三条、浜大津と乗り継いで比叡山坂本駅で下車する。

出発は八時四〇分で、今回は営業本部のH氏が同行する。登山経験もあるそうで、「足手まといにならないよう歩きます」と元気に言ってくれた。

今堅田までの途中、農家の方に採れたばかりのキュウリをいただいた。近所の神社で水で洗って食べると大変美味しかった。その後、琵琶湖大橋を渡って守山市に向かう。

日中の温度はだいぶ高く、昼食を取る。付近には建売住宅がたくさんできており、琵琶湖畔にはモーターボートが数多く並んでいた。琵琶湖大橋を渡り切って野洲《やす》川の流れに沿って歩き、近江八幡、安土町、五個荘《ごかしょう》町の旧道を歩く。特に五個荘町の家並みはすこぶる良く、過去の栄華が想像される。実に大きな家や学校、神社と驚くばかりの建物である。

午後九時過ぎに雨が降り出してきて、空腹も激しくなる。途中の食堂に入って痛む足を休ませ、一時間四〇分後、雨具を整えて夜の中仙道を歩き出す。

雨は明朝まで降り続きそうな感じである。H氏は三〇キロ過ぎから足が痛み始め、秦《はた》荘《しょう》町、豊郷町に至ると今にも倒れそうなほ

雨合羽で完全防備して、雨の滋賀・大津を歩く

どの疲労困憊ぶりであった。休む時間も多くなり、歩き続けるのは心身共に困難と判断して彦根駅より大阪行きの列車で帰ることになった。

その後、私は本格的に歩き始め、米原市を過ぎると遠方に伊吹山が見えてくる。

天下分け目の決戦が行われた関ヶ原で過去を忍び、垂井町、大垣市、安八《あんぱち》町と過ぎ、揖斐川、長良川を渡る。午後九時過ぎにモーテルを見つけて部屋を取り、旅支度を解く。久し振りの旅で、かなりのスピードで歩いたので足が痛む。

翌朝は三時三〇分にスタートして、木曽川の濃尾大橋を渡る。尾西《びさい》市、一宮市、稲沢市、春日井市を過ぎる。この付近はトヨタ自動車をはじめとする企業群があり、街も活気に満ちている。いよいよ織田信長が拠点とした清洲町に入る。川沿いの景色も昔日の面影が残っているようだ。またも雨が降り始め、自動車の通行量も多くなる。

新川町、西枇杷島《にしびわじま》町と過ぎると名古屋市内も間近に迫って来る。庄内川を境に市内に入り、名古屋駅に到着したのは予定より早い午後〇時二〇分であった。

㉖【昭和六二年八月八日〜一五日】福井県・石川県・富山県・新潟県

越前高田→山中温泉→金沢市→富山市→柏崎市→弥彦町→新潟市（約四八〇キロ）

連日猛暑が続く八月八日、大阪駅より福井行きの電車に乗る。お盆の帰省時期とあってどの車両も超満員である。途中、五月に歩いた道が車窓から見えて、山陰路、北陸路での当時の思い出がしばし蘇ってくる。福井駅で乗り換えて越前高田駅で下車する。

夏の時期の軽装
（福井県の永平寺から新潟を目指す）

国道三六四号線を上って永平寺へと進む。街は参拝客で大変賑わっており、永平寺内も人だかりである。永平寺を後に、一路、東古市《ひがしふるいち》方面に進む。途中から農道を歩いて勝山市に向かっているつもりだったが、あまりに時間がかかるので調べてみると道を間違えていたことに気づく。慌てて元の道まで戻り、山岳道路に変更する。

山また山が続く未舗装路の急斜面で、石がごろごろしていて大変歩きにくい。数時間山を上り、下り道になると周囲は小さな畑が点在しており、川の流れも綺麗であった。

石川県に入って右手に富士写ヶ岳を見ながら夜の山を歩く。我谷ダムの橋を渡り、菅原神社の境内にある国の天然記念物にも指定された栢野《かやの》大杉を参拝する。

ようやく山中温泉に到着する。食堂で夕食を取り、その後、山代温泉を最初の目標に、加賀市、粟津、小松市、野々市、金沢と歩き、金沢市の郊外にある森本で一泊の宿を取る。

翌日は午前二時三〇分に起床し、三時に出発する。

津幡町を過ぎて倶利伽羅《くりから》トンネルを超えると石川と富山の県境で、小矢部市で国道八号線と別れて福岡町、高岡市と歩を進める。足の痛みも忘れてスピードを上げる。

富山の市街地に入った頃、空は雷光と轟音で大変な賑やかさだった。富山大学、神通川の橋上は水溜まりができていた。雷鳴轟く中でも夜の富山はとても良い風景であり、富山城もまた印象に残る光景で、昔懐かしい路面電車も走っていた。

国道八号線は滑川市まで整備されていた。夜のせいで良く見えないが、右手には立山連峰が通り過ぎる車のライトで一瞬だけ浮かび上がる。魚津市、黒部市を経て黒部川を渡るが、黒部川は川幅が広く水量もあり、男性的な魅力を感じる。

お盆のために宿はどこも満員であったが、越中宮崎駅近くの民宿に泊まることができた。

既に食事を済ませており、扇風機の風で暑さを凌いで眠りに就いた。

午前三時に起床し、すぐに出発する。あまりに有名な親不知子不知の海岸沿いを歩くが、大型トラックが次々と走行し、私の通る場所がなく注意が必要だ。青海町を経て糸魚川市に入ると、道路が綺麗に整備されており歩くのが楽になる。

能生《のう》町、名立《なだち》町のあたりは海水浴場もあって土産物店も賑わっている。夜空の月を友にして、暑い夜中の風を感じて歩き続ける。枕崎からは平坦な道だが、その後の柏崎市までは上り下りが激しく大変疲れる道となる。

地方都市は店が閉まる時間も早いので、柏崎市まで数キロの地点で食事をしようと旅館に入る。食堂で食事をして部屋を取ろうとするも満員で断られる。ところが、私が日本全国を歩いていると話すと、ありがたいことに花嫁の着付け用の部屋を貸してくれた。

翌朝は五時に出発する。だが、七、八キロ歩いた時点で財布と現金を布団の下に忘れたことに気づく。道路に停まっていた車の運転手に事情を話すと、旅館まで連れて行ってもらうことができた。しかも、帰りも先ほどの場所まで送っていただき、感謝の念で一杯である。

刈羽町、西山町と海岸線は人の波で道路も渋滞している。西山町は田中角栄元総理の地元でもある。寺泊町に到着したのは午後九時頃。盆踊り会場が賑わっており、私も地元の方たちに交じって踊りに参加し、楽しい一時を過ごすことができた。

その後、弥彦神社方面を目標に暗い海岸線を進む。新信濃川（大河津分水路）を渡り、弥彦町に入ったのは午前五時頃である。弥彦神社に参拝する。弥彦神社は私の最も好きな情景の一つの中に建つ神社で、境内を清水が流れていた。

越後平野を歩き始める頃には足の痛みと夏の暑さで疲れもピークに達している。何とか元気を取り戻して猛スピードで歩く。活を入れると元気百倍になりピッチが上がる。休憩はなしで目的地まで一気に歩く。一六～二〇キロ歩いて午後六時三五分に新潟駅に到着する。八月一五日とあって帰省客が多く、空席の列車がなく、午後一〇時五分の夜行列車が何とか確保できた。足の痛みと疲れが激しくホームで休む。

連日の徹夜で車中では睡眠できるはずと思ったが、あまり眠れなかった。大阪には定刻通り午前七時三〇分に到着すると、最寄り駅まで娘が迎えに来てくれていた。

㉗【昭和六二年九月二〇日～二四日】静岡県・山梨県・埼玉県・東京都

富士市→塩山市→雁坂峠→秩父市→飯能市→東京都（約三〇〇キロ）

今回はアシックススポーツ工学研究所の福山甚九郎副所長が同伴していただけることとなった。当初は九月一九日に出発する予定であったが、急遽、熊野地方に出張の予定が入り、一日延ばして二〇日の出発とする。

福山さんはハワイマラソンなど、各地の競技にも参加された健脚の方である。

新大阪駅で福山さんと合流した後、午前七時一〇分の新幹線に乗って静岡駅まで行き、在来線に乗り換えて富士駅で下車する。あいにくの曇り空で富士山は隠れていた。

準備を整えて国道一三九号線を富士宮市方面へ。今回のコースは富士山の裾野帯の道路を五〇キロほど歩く。有名な白糸の滝から左に入る道路がある。

朝霧高原の駐車場には大変な数の車が集まっており、夕方になっても人が多く食事をする場所がない。本栖湖に到着するも、夜中なので景色は想像するしかない。

精進湖のあたりを過ぎたのは午前〇時頃、精進湖トンネルは新しく甲府精進湖有料道路のトンネルを過ぎてから右へ左へと急坂を下り、市街地を過ぎてからも急な坂を下ると山梨県で、その先はあの上九一色村であった。

午前三時、三珠町に入る頃には空腹で、コンビニでラーメンを買って食べようとするも箸がない。停まっていたトラック運転手に分けてもらうことができたが、一膳だったので二人で一本ずつ分けることにして、半分に割って短い箸にして麺を食べた。

塩山市は標高の高い地区で中央線が走っている。塩山駅を右に見て私たちは西に歩いて笛吹川に辿り着く。途中、武田信玄公の菩提寺である恵林寺や、巨峰の生産地の牧丘町もあった。埼玉との県境にそびえる山々に沿って歩き、今夜の宿に泊まる。

翌朝は午前三時四五分に出発し、雁坂峠を目指す。まずは広瀬湖の広瀬ダムを目標に進む。一晩休んで体の疲れも取れたので、朝の広瀬ダムは涼しさを感じる余裕もある。昨夜の宿の主人が作成してくれた略図を頼りに山を縫い川を渡り、それを再三繰り返し、まさに登山者用の獣道を進む。午前八時に山に入り、雁坂峠の山頂（二〇八二メートル）に到達したのは陽がすっかり上り切った午後〇時一〇分であった。

雁坂峠は針ノ木峠（長野県〜富山県）、三伏峠（長野県）と並ぶ〝日本三大峠〟の一つ。約九時間の苦闘の末に下界を見ると、苦労から解放され、神仏に感謝する。

この雁坂峠を越えて大滝村へと至る約三〇キロは、実は日本地図の空白地帯である。大木が倒れたまま放置されているような未開の地で、道を指し示すのは小石にペンキで描かれた矢印のみ。ある時は小川を渡り、またある時は岩や木を掴んでよじ登り、またある時は誰かが作った金属の輪を掴んで登るような険しい道であった。

私が踏破してから三〇年余りが経ち、令和の時代になって地図を見てみると、当該区間は別ルートの優良道路が開通しているものの、道路地図は未だに空白のままであった。それにしても秩父連峰の山々の奥深さを知る。前方から枝が折れる音がするのでその方向を見ると、彼方に木々の間を縫うようにクマが登っていくのが見えて驚愕した。

やっとのことで大滝村に到着し、旅館に泊まる。一泊食事付で一五〇〇〇円とこれまでで一番安い旅館で誠にありがたく感じた。翌朝は秩父往還道路を進み、二瀬ダムを渡って三峰神社へと進む。福山さんは二日間で数時間しか寝ていないので疲労が溜まっていた。

荒川村を過ぎて秩父鉄道の浦山口駅に到着し、駅前のベンチで休憩する。

「山の中でクマを見ましたよ」

地元の方にそう話すと、「この付近ではよく見ますよ」と軽い口調で話された。北海道のヒグマとは比べるべくもないが、奥多摩地方も深い山なのでクマがよく出るそうだ。あまり下界に降りてはこないというが、無事に歩いてこられたことに感謝した。

秩父市に入り、上野町を右折し、横瀬町から国道二九九号線を歩いて正丸峠《しょうまる》トンネルを無事に通過する。元気を出して飯能市方面に進み、民宿に泊まって午前二時に出発する。

街道を大きなトラックが盛んに走っていた。本格的な秋に入り、道端の木から栗が落ちており、福山さんが拾った栗は一キロほどになった。飯能市を出て入間市、狭山市、所沢市と通り過ぎる。付近に航空自衛隊の基地があるせいか、飛行機が低空で飛んでいる。さらに、東村山市、田無市、保谷市、武蔵野市と所沢街道を進み、新青梅街道と合流する。新青梅街道は江戸城や江戸の街を建設するために必要な木材や石など大量の物資を運んだ名残の大動脈である。道路幅も広く、両側の街路樹は立派な欅であった。

練馬区、杉並区では銀杏並木が続き、中野区を通り過ぎて新宿区に入る。西新宿には超高層ビル群が乱れ建ち、福山さんは同僚の家を訪ねるとのことで新宿で別れた。港区から昭和通りに入り、ポツポツと雨が降り始める中、皇居を経て東京駅に到着する。

第四章　血と涙

昭和六三～平成二年〈五九歳〉四国、北海道、東北、関東、東北、九州地方

㉘【昭和六三年四月二九日～五月三日】徳島県・高知県・愛媛県・香川県

徳島市→羽ノ浦町→高知市→松山市→新居浜市→琴平町→高松市（約五〇〇キロ）

前回に続き、今回もアシックスの福山甚九郎さんが同行されることになった。

昭和六三年（一九八八）四月二八日、和歌山港を午後四時一二分に出る船に乗って徳島港を目指す。福山さんから新品の運動靴を手渡され、早速、履き替える。

徳島港に到着し、既に暗くなった道を小松島方面に針路を取ってスタートする。

途中、ある会社の事務所で休憩させていただいたが、その頃より雨も降り始める。雨支度を整えて、羽ノ浦町を過ぎて那賀川を前に右折して上流方面に進む。一晩中歩いて翌二九日に鷲敷《わじき》町で国道一九五号と合流して相生町に到着する。

山村に入るも商家もあって、食事と休憩を取って再び出発する。午後八時過ぎに旅館に

到着し、眠りに就く。午前三時四〇分に出発する。木沢村、木頭村《きとうそん》と進み、徳島と高知の県境を越える。木頭村の人々が笑顔で私たちに挨拶してくださり、旅の疲れも取れる。

高知県側は非常にトンネルが多く、道は整備されており、物部村の人々も笑顔で挨拶してくださり感謝する。物部川にある別府峡で食事をする。地元の食堂に入ると、北海道で学校の先生をしていたというお店の方の料理をいただく。値段も五〇〇円と大変安くて美味しい食事であったが、感謝の気持ちを伝えたくて六〇〇円を払った。

土佐山田町に入ると、大変人口も多いように感じられた。刃物の産地・南国市を経て高知市まで頑張って歩く。国道五五号線に合流して高知市に入り、高知城を右に見て国道三三号線に沿って歩く。途中で出会った人に付近の宿を聞いてみるが、近くに宿はないとのことなので、朝倉駅あたりまで歩いてから一泊することにする。

旅館は食事なしで、外食をして眠り、翌日は午前三時三〇分に出発する。伊野町、日高村を過ぎ、途中でトマトを沢山いただく。採れたての新鮮なトマトの味は格別であった。佐川町からは北北西に進み、越知町に入る。越知町は山の中腹から山頂に人家が多い。地元の方の説明では、このあたりは平家の残党が多いそうだ。

仁淀川《によどがわ》に沿って吾川村《あがわ》、仁淀村と進む。吾川村の商店街は実に立派で、街灯も明るい。

国道三三号線から左側に入り、三方山が聳え、愛媛との県境の右手には明神山が見える。日付も変わって国道三三号線のトンネルを通過し、柳谷村の面河《おもご》川は南西に下流へと流れている。石鎚山《いしづちさん》国定公園へと続く石鎚スカイラインが走っている。

久万川と面河川の合流地点で休憩を取る。その後、久万町の落合で昼食を取って歩き始めると大雨になり、気温も下がって寒い中、三坂峠を歩いていると、遠くに松山市街地が眺望できる。砥部《とべ》町まで道路を下り、足が濡れるので靴を取り換える。

トンネルの手前から急な坂道を下り、第四六番札所の浄瑠璃寺前の旅館に辿り着いた頃には午後八時を過ぎていた。旅館は観光バスや車で参拝に来る人々で満員であった。受付の方によると、大勢の方にお断り申し上げているとのことであった。

「申し訳ありません。布団部屋でよければご用意できます」

仲居さんがわざわざ若女将に聞いてくれて、何とか泊まることができた。

後で福山さんが私の代理として旅館代を支払おうとしたそうだが、「歩いて日本一周されている方から料金はいただけません」と、若女将がおっしゃったそうだ。

翌朝、若女将に厚くお礼を申し上げて再び旅人となる。重信町、川内町、丹原町と進むが、国道一一号線の左右は山、また山で早朝から大雨である。伊予富士を遠方に眺め、西条市から新居浜市、土居町へ進む。伊予三島市を経て川之江市で一泊する。

翌朝は四時三〇分に出発し、愛媛と香川の県境を過ぎ、豊浜町から山本町、琴平町と進む。この地は筍《たけのこ》の産地であるようで、大変賑わっていた。街にある病院で足の治療をしていただき、午後一〇時二〇分に再出発する。

雨が降り続く中、栗林《りつりん》公園を目指すもなかなか辿り着かない。栗林公園に到着すると、大正から昭和の政治家・三木武吉の銅像が、雨の中、世の動向を見定めているようであった。やっとのことで長雨との別れの時が来て、高松港を発って四国に別れを告げた。

㉙【昭和六三年八月六日～一二日】北海道

函館市→長万部町→札幌市→岩見沢市→留萌市→羽幌町→稚内市（約六四〇キロ）

大阪駅を午前九時五〇分に出る青森行きの電車に乗る。

駅のホームは大変賑やかであった。見送りに来られたアシックスの福山甚九郎さんから新しい靴二足を手渡され、試し履きをして北の旅に出る。

青森駅に到着すると、港のホームは姿を消しており、新しい海峡線が目に入る。函館到着は深夜の一時三〇分頃で、函館の駅舎を眺めながら、ここを出発の地点と心に刻む。

国道五号線に歩みを進めるが、真夜中の函館はとても静かで道路も真っ直ぐである。桔梗、大中山駅、七飯町と山また山で、やがて、江差町追分方面という看板が目に入る。

大沼公園を右に見て、その先に森町海岸がある。本石倉地区は漁業も盛んで漁具が道路沿いに積まれていた。野田生《のだおい》のドライブインで仮眠を取り、午前二時三〇分に出発する。

非常に活気のある長万部《おしゃまんべ》町を過ぎ、静狩まで平坦な道路だが、国道五号線は次第に険しい山の中に入っていく。静狩トンネル、礼文華トンネルなど七つのトンネルを通り過ぎ、大岸地区に到着して大阪の妻に電話を入れる。

洞爺湖を右に見て内陸部に入り、喜茂別に到着する。喜茂別は大きな町で、その先の中山峠は札幌との市境だが、新道の開拓に貢献した現如上人の銅像が建てられている。

真夏の午後五時というのに濃霧で薄暗い中を前進する。定山渓《じょうざん》トンネルのあたりは風が強いのか、古木、大木、蝦夷松の枝が反対に伸びている。

北海道の中でも、とりわけヒグマの出没で有名な場所の一つが定山渓である。

さて、私が歩いて日本一周をしようと決めた際、想定した〝三大試練〟があった。

それが、肉体の痛みとの継続的戦い、真っ暗闇の山中を歩く恐怖との戦い、そして、ヒグマと遭遇して命を落とす恐怖との戦いの三つである。

今回、北海道を旅するに当たって、事前に特に気を付けたのがヒグマ対策である。クマ除けの鈴は当然で、万が一、遭遇して襲われた時のために、ただ食われるのではなく少しでも戦えるように〝武器〟を作った。

それが登山で使うようなステンレス製のピッケルのような杖である。特注で長さは約一三〇センチ、先端に町工場で四センチ、直径作ってもらった金属製の矢尻（ピック）を付けた。もちろん、通常は矢尻にゴム製のカバーを被せていて、飛行機に乗る際は届け出を

手にしているのが北海道での
ヒグマ対策のために町工場に特注した
仕込み杖。スチール素材で先端には
矢尻がついているが、通常はゴムで
覆っている（隣は妻）

出していた。

旅に出る少し前のこと、私が家でその仕込み杖を持ってヒグマと戦う予行演習をしていると、帰宅した息子が何事かと驚いていたのも記憶に新しい。

定山渓に入る前、仕込み杖を手に歩いていた私は試練の場に入る前に休憩と気合を入れようと思い、定食屋で一休みした。すると、居合わせたお客に声を掛けられた。

「これからどこに行くの？」

「歩いて定山渓を通って札幌へ行きます」

私がそう答えると、他のお客が口々に「やめた方がいい」「この前も襲われたばかりだ」とアドバイスしてくれた。当然、親切心からである。

だが、これから〝死地〟に向かう私には迷惑でしかなかった。それでなくても恐怖心で一杯なのに、これで私の頭は完全に恐怖に占有されてしまった。万が一のことを考えて妻に電話を入れた後、ついに恐怖との戦いへと一歩を踏み出した。

山の中に入るとすぐにでもヒグマに襲われそうで、一歩も動けなくなる。しかし、止まっていては余計危ないと思い、重い荷物を引き摺ってダッシュをする。しかし、すぐに息が続かなくなるのでストップして周囲を見回す……そんなことを数回繰り返した。

やがて、自分の不甲斐なさを感じ、山の中にどっかと腰を下ろした。

〝私が世の中に必要な存在ならば、ヒグマは私を食べないだろう。逆に不必要ならば家族などには申し訳ないが、ヒグマの餌食になるだけだ〟

これも運試し、いざとなれば我が肉体を提供するだけと覚悟を決めて歩き始めた。

結果として私は世の中に必要な存在だったようで、その後、ヒグマの出没多発地帯を複数回歩いたが、襲われるどころか出合うこともなかった。

定山渓トンネルを通り過ぎたところに公衆電話があり、そこで妻に生存確認の電話をした時のことは今も克明に覚えている。

午後九時五〇分、風が強く寒いので、近くの工事現場の休憩所を借りて一休みする。そこで働く人が熱いお茶を出してくださり、感謝する。

「定山渓トンネルまでがヒグマの出没する場所なので、無事で良かったですね」

私が歩いてやって来たと伝えると、そう言って労わってくれた。定山渓温泉から先は人家もありヒグマの心配はなくなるとのことで、ホッと胸を撫で下ろした。

札幌市に入って南区、豊平区、白石区と通り過ぎる。札幌は高層建築が建ち並び、ネオンもきらびやかで、それまでの原野とは全くの別世界だった。

雨も降ってきたのでガソリンスタンドの方に尋ねて宿を探し、見つかった宿が車で迎えに来てくれた。ヒグマと出合わなかったことに感謝しつつ、恐怖との戦いに勝ち抜いた自分を褒めながら泥のように眠った。翌朝はタクシーで昨晩のガソリンスタンドまで行き、再び歩き始める。途中のスーパーで不要になった寝袋などと一緒にトウモロコシを家に送る。

石狩川に架かる江別大橋付近は大雨で風も強く、大変な一日であった。岩見沢まで歩いて旅館に部屋を取り、荷物を置いて夕食を取ろうと街に出るも、周囲はラーメン屋ばかりなので諦めて、駅まで行って弁当を買うことにする。

翌日は午前二時に旅館を出て、三笠市、美唄《びばい》市、奈井江町、砂川市と平坦な道を進む。途中、滝川市まで二九・二キロという国道一二号線の日本一長い直線道路を歩く。美唄市の人々には本当に良くしていただいた。砂川市で宿を取り、洗濯その他を済ませ、先祖や竹村彦善社長、妻に感謝の念を唱えて眠りに就く。

翌日は午前二時に出発し、石狩川を渡り、新十津川町、雨竜町の田園地帯を歩く。このあたりは山も深く雑木もあって、またもヒグマが生息する条件が整っているようだ。

足の痛みのために大和田駅近くで休憩を取り、子連れで遊んでいた方と話をする。その先は日本海に向かって留萌《るもい》市を目指す。歩いていると横に車が停まり、窓からビニール袋が差し出された。車内を見ると、大和田で先ほどお話しした親子で、袋の中にはおにぎりと漬け物、玉蜀黍などが入っていた。優しい気遣いに感謝を伝えてありがたくいただくことにする。

留萌市のドライブイン脇にある旅館に宿を取り、一泊して再び歩き始める。日本海に沿って小平《おびら》町を過ぎ、羽幌町の旅館で一泊する。翌日、牧場が続く中を一日中歩く。天塩《てしお》町の夜は空気も澄んでおり、今までに経験したことのないほど美しい星空を堪能できた。民宿に泊まるも盆休み中とのことで食事も風呂もなく、店で買ったパンと牛乳を食べて寝るだけであった。そこから先、稚内までの約七〇キロは何もないので四食分の食料と水を確保して翌日に備えた。翌朝は午前二時に起床して宿を出る。夏とはいえ肌寒い中、天塩川を渡り、利尻水道を左に見て歩く。道路は北海道らしくひたすら真っ直ぐである。

稚内市に入り、抜海《ばっかい》岬から利尻島の利尻富士を望むが、一部雲に隠れていた。芝生の上で夕食を済ませ、寒くなってきたのでヒグマ除けの準備をして再びスタートする。今回の旅は大変賑やかで、自動車、バイク、自転車の方々と遭遇する。

抜海駅を目指すあたりで大変な砂嵐が頭上に迫り、恐怖を感じた。寒さと強風で休憩もできず歩き続ける。暗い山の中に入ると動物の臭いがすることに気づく。

ここもまたヒグマの縄張りかもしれないという不安と恐怖に襲われる。油断することなく周囲に神経を配り、断続的に笛や鈴を鳴らし、ラジオを大音量で流しながら歩いた。山《やま》間《あい》の中、遠くからかすかに電車が通り過ぎる音が聞こえ、少なからず気休めになった。

足の痛みを治療するために橋の上で休憩していると、自転車の若い男性が通り過ぎたので声を掛ける。すると、自転車は戻ってきて、彼も一緒に休憩を取り、北海道の旅について言葉を交わす。青年はこれからサロベツ原野で星座を撮影するという。

お互いの無事を祈り、再び稚内に向けて歩き始める。

稚内までは想像していたより遠い。激しい睡魔が訪れるので、付近にあるバス停で休憩を取るが、厳しい寒さで眠ることもできない。バス停には和歌山県から来た人がいて、彼もまた自転車で稚内まで行くという。その人が教えてくれた道を行き、途中でタクシー運転手に道を聞いて、痛む足を我慢しつつ稚内港に向かい、ついに日本最北端の地に到着する。

夜が白み始めた午前四時三〇分の稚内駅広場には車やオートバイ、自転車がたくさん停まっており、駅の屋根の下には数多くの寝袋が並んでいた。中には携帯コンロでラーメン

日本最北端の地である稚内に到着

JR 日本最北端の駅、北海道の稚内にて。
後ろに並んでいるのは寝袋で寝ているバイカーたち

を作って食べている人もいて、若者のバイタリティーに感動する。

しばらくすると駅の窓口が開いたので大阪までの切符を買う。出発まではまだ時間があるので土産を買ったり、稚内市役所を訪ねたりした後、車中の人となる。

㉚【昭和六三年一〇月二九日～一一月六日】宮城県・福島県・茨城県・千葉県・東京都

仙台市↓いわき市↓日立市↓鹿島町↓成田山↓船橋市↓浅草橋（約四二〇キロ）

午後四時過ぎの新幹線で東京を目指し、上野駅から東北新幹線に乗り換える。

上野駅の新幹線ホームは地下にあり、途中、大宮などの行き先表示を見て、昭和二六年に信州から就職のために上京した際の光景を懐かしく思い起こす。

新幹線は宇都宮、郡山、福島と進み、午後一〇時過ぎに仙台に到着する。

仙台は雨が降っており、待合室で雨用の準備をして一一時過ぎに歩き始めるが、風も強く大変寒い。地元の方たちも、昨日から急に寒くなったとおっしゃっていた。

途中、青葉城が見えた際は、二年前に歩いた時の既視感が生まれた。長町地区、名取市、岩沼市と、夜の街を通り過ぎる。阿武隈川を渡る時、上流に明るい工場群が見えた。翌朝、明るくなった頃に亘理町に入る。見渡す限りの田園風景であった。

山元町を過ぎると福島との県境で、新地町に入る。相馬市、鹿島町、原町市と今回は順調に歩を進め、宿泊先を探し、妻に電話をする。

翌日は午前二時に出発し、小高町、浪江町、双葉町、楢葉町、広野町と歩き続け、途中のドライブインで休憩を取って再び歩き始めたのは午前二時であった。広野町あたりは海抜も相当高いせいかとても寒いが、海の眺望は見事であった。

国道六号線を進み、いわき市を通過する。しかし、歩道が整備されておらず、歩くのに苦労する。前方に灯りが見えると、そこはいわき市植田町で、山奥に立派な商店街が続いていた。疲れと足の痛みを我慢して、午後八時三〇分に勿来《なこそ》の関跡があるという勿来駅に到着する。タクシーも四、五台停まっており、観光地のようであった。

近くに宿を取り、夕食を取る。入った瞬間、なぜか嫌な予感がしたが、その先には食事をする店もないのでそこに決める。食堂は小上がりになっていて、片足のみ靴を脱ぎ、右半分だけ畳に座る。味噌汁以外の料理が先に来て、空腹のために早速食べ始める。が、その直後、店の人が運んできた味噌汁のお椀が私の肘にぶつかった。

「熱いっ‼」

お椀から零れた熱々の味噌汁が私の左の足首から太腿にかかった。慌てて靴下を脱ぐと、既に足の皮が剥がれており、激痛を感じた。料理人が水で濡らしたタオルを、女将も氷をたくさん入れたビニール袋を持ってきて冷やしてくれた。

応急処置を施して食事も早々に切り上げ部屋に入る。一晩中、氷と冷却材を左足にあて、朝まで足を冷やした。女将が開店したばかりの薬局で買ってきてくれた薬で手当をする。

その後、朝食を取りながら今後の選択肢を考える。第一に中止して大阪に帰る、第二に足の火傷が落ち着くまで数日宿泊する、第三はすぐ歩き始める。結果、旅の目的を考えると中止はできないので旅館に宿泊費と薬代を支払い、昼過ぎに足を労りつつ歩き始める。だが、そもそも痛くて靴をしっかり履くこともできず、旅館近くの雑貨屋に立ち寄り、サンダルを探して購入する。店のご婦人が心配してくれてお茶を淹れてくれた。

今度は蟻ほどのスローペースで歩き始める。途中、民宿がたくさんあり、後悔先に立たずだが、こちらで泊まっていればこんなことにはならなかったと反省しながらも、茨城県に入って大津港を通り過ぎる。茨城県は歩く環境も非常に良いところであるとの印象を得る。

高萩市の食堂で夕食を取る。魚の鮮度も良くとても美味しく、値段も安い。だが、火傷の痛みは依然ひどく、ドライブイン旅館に泊まって治療を施す。翌日は午前二時に起床して出発し、十王町あたりのコンビニエンスストアで休憩を取る。

日立市は山が多く、起伏の激しいところである。日立駅の高架を渡り、国道六号線から二四五号線に入ると、その先は東海村である。東海村は今回訪ねたかった場所で、日本で初めての商業用原子力発電所・東海発電所、日本原子力研究所などの施設がある。

東海村から勝田市は約一〇キロの真っ直ぐな道であった。那珂川を渡って大洗町に入ると、道路も歩道も良く整っていて、心まで大洗いしてくれて火傷の痛みも薄らいだ。

時刻は午後九時を回っており、火傷の手当ても必要なことから民宿を探して部屋を取る。夕食を取った店では残ったご飯をチャーハンにして弁当を作ってくれた。

翌日、再び午前二時に民宿を出発する。鉾田町、大洋村と太平洋を左に見てずっと南下し、真っ暗な中、鹿島町に到着する。途中、自転車に乗った学生たちと出逢い、声を掛けて鹿島神宮までの道を教えてもらう。すると、一人の少年が「同行しましょう」と言ってくれたので鹿島神宮まで一緒に向かい、参拝した後、夕食を御馳走する。

近くの旅館に泊まり、午前二時に出発する。潮来《いたこ》町から常陸利根川を渡って佐原市に入る。佐原中央病院で火傷の治療をしてもらい、香取神社に参拝する。佐原市を出ると雨が降り出し、火傷で雨靴が履けないためにビニール袋三枚で左足を包んで歩き始めた。

成田市内に入ると大雨となり、旅館も見つからずファミリーレストランで休憩を取る。

再び歩き始め、途中で成田山が見える場所から参拝し、酒々井《しすい》町、佐倉市と通り過ぎる。野球で有名な長嶋茂雄の母校・佐倉高校の横を通った。

成田街道を進むと陸上自衛隊の習志野駐屯地がある。そこからは船橋市街を目指し、夜景が輝き始める頃に船橋市に入って夕食を取る。非常に寒い風が吹くので十分な身支度をして市川市を目指す。船橋も市川も東京から近いためか、高層ビルが多い。

旧江戸川を渡って東京都に入る頃には風も強くなり、昨日も今日も寝ていないのでどこかで休んで火傷の治療をしたいと思って旅館を探す。通りすがりの方が、新小岩ならホテルも多いと教えてくれたが、土曜日ということと一人旅を理由に断られてしまう。

これは予定の日時までに目的地まで到達せよという〝神仏の命〟であると自分に言い聞かせ、痛む足で最後の力を振り絞る。小松川橋を渡って荒川を越え、平井、亀戸と実に寒い中を歩き、途中の交番で世話になって寒さを凌ぎ、足の治療をする。

そして一一月六日の午前三時三〇分、ついに浅草橋駅に到着する。

今回の旅は途中で予期せぬ火傷を負い、大変苦労した。しかし、それも人生経験であり、人間は死ぬ気になれば何事も可能と信じ、目標実現に邁進するしかないと肝に銘じた。

㉛【昭和六三年一二月二七日〜昭和六四年一月二日】山口県・島根県

下関市→長門市→萩市→江津市→出雲市→出雲大社（約三三〇キロ）

一二月二七日、夕方の新幹線で新大阪駅を出発して、新下関で下車する。新下関から夕クシーで門司に行き、関門トンネル口をスタートして国道一九一号線を北に進む。

下関市綾羅木《あやらぎ》、安岡、豊浦町と進み、川棚温泉付近で明るくなる。冷たい月が海上に浮かんでいた。長門二見から豊北町と過ぎ、粟野峠の深い山中を進む。

油谷町の付近は道路状態も良く、また、修繕されている道路も多い。やがて大雨と大風になる。出発して初めての夜、近くにあった旅館に部屋を取ることができて、いつものように妻に電話で報告し、足の治療と洗濯をして床に就く。

翌二九日は午前二時にスタートし、榎谷トンネルを経て萩市に入る。萩は歴史があり、〝小京都〟と呼ぶに相応しい良い街で、いつか散策に訪れたいと思うほどであった。

阿武町奈古を経てサエガ峠を越え、宇田郷、須佐町まで山深い中を歩く。田万川町江崎は賑やかな街で、バス停の行き先表示もたくさんあった。山口と島根の県境を越え、戸田小浜から益田市に入る。海岸線の眺望は素晴らしく、途中の薬局で休憩させていただく。食事も取らず、山中を進み、岡見、三隅、折居と通過し、折居のコインランドリーで休憩を取り、周布川《すふ》付近で夜が明ける。浜田市で食事を取り、波子《はし》、敬川《うやがわ》と歩き、宿を見つけようとするもやはり年末のために大変苦労する。江津《ごうつ》市で訪ねた旅館も空室がなかったが、そこの方があちこち聞いてくれて、その内の一つに何とか泊まることができた。

大雨の中、旅館で仮眠を取り、翌日、昭和六四年の元旦午前〇時五〇分に起床する。旅先で迎える正月も多くなったが、体を清め、巻き寿司一本、黒豆とお茶でおせち料理代わりとする。そして、午前二時、大雨の下、旅館の方が見送る中を出発する。

浅利トンネルを越え、黒松、温泉津《ゆのつ》で夜が明ける。雨の元旦で、さらに五十猛《いそたけ》、静間とトンネルが続く。大田市から見える白い三瓶山はまるで富士山のようであった。久手《くて》の旅館に泊まり、翌朝は日本晴れで、出雲市に入って多岐町を経て、湖陵町の喫茶店でサンドウィッチとコーヒーの休憩を取って足を休める。

そして、日本晴れの下、出雲大社に参拝する。

新大阪からは息子の車で帰宅し、妻のおせち料理を味わい正月気分に浸る。

㉜【平成元年四月二九日～五月六日】福岡県・熊本県・鹿児島県

北九州市→福岡市→久留米市→熊本市→水俣市→川内市→鹿児島市（約四二〇キロ）

平成元年（一九八九）四月二九日、新大阪を午後二時四八分に出る列車に乗り込む。車窓からの眺望は実に懐かしく、かつて歩いた時の感慨が足の痛みと共に迫って来る。

午後六時三〇分に小倉駅で下車し、諸準備をして小雨の中、一路、鹿児島を目指して前進する。日本の基幹産業の地・八幡を通り、遠賀《おんが》川を渡って山間地帯を歩いて宗像市に入ると、宗像大社の看板が目に入ってくる。

福岡市の博多は九州地区随一の都市とあって、人も車も激しく行き交っている。国道三号線を進み、春日市、大宰府市、大野城市、筑紫野市と進み、この付近で宿泊したいと思って旅館を探すも見つからない。地元のガソリンスタンドの方のご厚意で宿泊先を探していただき、基山駅の前にある旅館を訪ねる。

ところが、旅館に到着すると予約は入ってないと言われてしまう。空室もないことから国道三号線に戻り、今にも雨が降りそうな天気の下、佐賀県に入って鳥栖市、再び福岡県久留米市と過ぎ、午前一時三〇分頃、タクシー運転手に教えていただいた西鉄久留米駅の近くにあるホテルに一泊する。出発から百数十キロ歩いたことになる。

翌朝は五時三〇分に起床すると外は大雨で、雨支度をして出発する。久留米市内を歩いていると、大きな観音様が小雨に白く浮いて見えた。小雨の田舎町は実に心地良い。そんな時、前方から大きなリュックサックを背負った若者がやって来た。挨拶を交わすと、沖縄を二月に出発して八月には北海道に到着する予定とのことであった。私のおにぎりを一つ分け与え、目標達成と無事故を祈念し合ってそれぞれの道を行く。

広川町、八女市、立花町を国道三号線を進み、福岡と熊本の県境の小栗峠を越えて鹿北町に入ると、狸の臭いが強く、山の深さを知る。午後一〇時、山鹿市の旅館に一泊する。

翌朝、熊本市内に入ると熊本城のアドバルーンが空高く一二、三個浮かんでいた。そのバルーンを見ながら〝熊本県人の情の深さ〟を想起し、心の中で御礼を申し上げた。

白川沿いにある藤崎八幡宮に参拝する。神主は息子の友人で、挨拶できたのも良い思い出となった。富合町、宇土市を過ぎる頃には雨が激しくなり、道路事情も良くない。ガソリンスタンドで旅館を教えていただき、商店街にある旅館に一泊する。

翌日は午前二時三〇分に起床し、旅館を出発する。雨も上がり、国道三号線を南下して、松橋町、小川町、竜北町を歩く。八代市では、日奈久《ひなぐ》温泉のバス停で休んでいると、七〇歳前後のご老人から新鮮なイチゴを二パックいただいたので感謝申し上げた。

山また山を歩き、〝三太郎峠〟の一つである赤松太郎峠を越えて肥後田浦駅近くの旅館で休養を取り、午前二時に出発する。佐敷トンネル、芦北町を経てもう一つの〝三太郎峠〟津奈木太郎峠を越えて津奈木トンネルを通り抜け、戦後の公害で有名な水俣市に入る。水俣の経済は活気がないように見えた。

袋駅を過ぎると、いよいよ鹿児島県に入る。阿久根市の旅館で一泊し、午前二時に起床して午前三時に出発する。海岸線沿いで眺望も良く、南国を満喫する。

川内《せんだい》市は交通の要衝で、バスターミナルも各方向に走っている。串木野市まで来ると鹿児島市内も近づいてくる。伊集院町にある旅館で最後の一泊をする。定例の然るべきことをして、旅館の母娘と少々歓談をして明日のエネルギーをいただく。

深夜午前二時、小雨の降る峠坂を越える際、新聞配達の方が私に新聞を一部くれた。薩摩男の人情に接して感涙した。その後、大雨が激しくなる中、鹿児島市に近づくと市電とバスが通り過ぎていく。そして、JR日豊本線の終点である鹿児島駅に到着する。この地は西郷隆盛や大久保利通ら明治維新の立役者を生んだ土地でもある。鹿児島駅で記念写真の撮影を頼んだ方が同郷と言ってもいい長野の小諸の方で、近くの喫茶店で語り合う。

ゴールデンウイークとあって大阪に帰る電車の指定席がなかなか取れず、臨時列車その他を検討してどうにか博多駅まで向かい、新幹線に乗って帰宅の途に就いた。

㉝【平成元年八月六日～一七日】北海道

稚内市↓紋別市↓網走市↓標津町↓根室市↓厚岸町↓釧路市（約六三〇キロ）

八月五日、仕事を終えると前日に運んでおいたリュックサックを背負って大阪駅に向かい、午後五時三五分の寝台特急日本海に乗車する。

夜行列車は激しい音を立てて一路北を目指す。昨年歩いた土地や駅が走馬灯のごとく通り過ぎる。最果ての地・稚内に到着したのは翌六日の午後一一時三〇分、諸準備を終えて稚内駅をスタートする。まずは宗谷岬を訪れ、稚内市内の美しい夜景を堪能する。

暗闇の中、太平洋を右手に牧場地帯を眺めながら、夏とはいえ肌寒い夜気の中を南下する。猿払村で宿泊予定だったが、無理して浜頓別町まで進む。時刻は既に午前〇時三〇分、足も痛むのでバス停で休憩を取ろうとすると、向かいの家の方が出ていらっしゃった。

「私の家に泊まってください！」

私の顔を見るとそうおっしゃってくださり、お言葉に甘えて泊まらせていただく。翌朝、ほんの気持ちの謝礼をお渡しして、午前五時三〇分に出発する。

北見神威《かむい》岬に向かう途中、東京からやって来て自転車で北海道一周をしているという外国人の女性と出会う。国は違えども旅をする者同士、絆を感じて一緒に記念撮影する。その後、雨が降り始め、枝幸《えさし》町に入ると雨脚は強くなり、食料品店で休憩する。夏でもオホーツク海の雨は冷たく、長く当たると体力を奪われる。途中のガソリンスタンドで旅館を尋ねて旅館を決め、そこでラジオなど荷物の一部を宅配便で自宅に送る。

翌日午前二時に出発して雄大な北見幌別川や美しい渓流の徳志別川を越え、乙忠部《おっちゅうべ》、音標岬に至る。この地は食堂も少なく、何とか見つけた一軒でラーメンを注文し昼食とする。夕刻、雄武《おうむ》町に入り、民宿に泊まる。翌日も午前二時に出発する。興部《おこっぺ》町の国道二三九号線との合流地点の付近は学校や役場、公民館などもあって賑やかで活気を感じる。

待望の紋別市に入る。道路は悪いが海は実に綺麗で気分は良い。久しぶりの市街地で商店街にはスーパーが何軒かあり、ここで宿泊するのもいいという考えが頭をよぎったものの前に進む。東側の山々には黒い雲がかかり、今にも大雨が降りそうである。

紋別市を過ぎると小向まで民家がなく、また、ヒグマが出るとの標識もある。幸いなことにこれまで実際にヒグマに遭遇したことはないが、用心するに越したことはないので仕込み杖の具合を確認し、いざと言う時にカバーがすぐ取れるかあらかじめ確認しておく。

周囲に用心しながら歩を進め、小向を過ぎた午後一一時三〇分、バス停を借りて仮眠を取る。当然、仕込み杖はすぐ横に置いておく。目覚めると濃霧が押し寄せ、すぐ大雨になる。やむを得ず近くの牧場に逃げ込むと、今まさに牛の分娩の最中で、一言声を掛けて見せてもらい、新しい命の誕生に感銘を受ける。

湧別《ゆうべつ》町の林業研修センターに到着したのは午前九時一〇分頃で、そこでアシックスの福山甚九郎さんと再会を果たす。そこから先は福山さんと同行の手はずで、夕食を一緒に取り、十分に寝た後は午前二時に出発する。

二人の道行きは一人とは違い、ヒグマの恐怖も半減して安心して進むことができた。

サロマ湖は大変大きく広く、海のように感じた。その日は旅館に一泊し、午前一時一〇分に再び歩き始める。能取《のとろ》湖、網走湖を経て網走市に入る。網走では運動具店の社長に網走刑務所や天都山、オホーツク流氷館などを自動車で案内していただいた。網走は歴史的にも文化的にも有名な街であり、高倉健主演の『網走番外地』など映画や歌でも知られている。そんな街に来られたのも夢のようで楽しい一時であった。

藻琴湖を過ぎ、濤沸《とうふつ》湖のあたりから風が強くなり、雨も降り出したため、浜小清水駅で休憩を取り、本日の目的地であった斜里はまだ遠いので民宿に泊まることにする。

深夜一時三〇分に出発するが、大雨と濃霧で山も海も視界はゼロである。斜里大橋を渡ると若干の民家もあり、斜里市街の南側を通っている国道二四四号線を進む。町の人たちの話では春先にヒグマが出たそうで、国道以外の道は歩いてはいけないと助言される。

斜里町で食料を買い求め、大雨の中、休憩も取れず根北峠《こんぽく》を越えて標津町を目指す。左手に広がる知床国立公園はヒグマの生息地であるから万全の注意が必要である。

足は痛むものの、ヒグマの危険地帯は明るい内に通過したいと考え、無理して進むことにする。しかし、原野に次ぐ原野で、最新の注意を払いながら歩き、伊茶仁《いちゃに》に到着したのは午前〇時を過ぎていた。予定していた旅館には遅い時間で断られ、近くの民家に一夜の宿を借り、翌朝、謝礼を渡して午前五時三〇分に歩き始める。

標津町、野付湾、床丹を過ぎ、別海北方展望塔で宮城県からオートバイで北海道を一周している女性と出会い、再会を約束して別れる。別海は根室海峡に面し、鮭、鱒の一大漁場でもある。公民館で休憩させていただく。

台風二四号の影響で雨風が強い中、根室市厚床《あっとこ》まで数キロという地点で越川で出会った関西から来た若者と三回目の邂逅を果たす。車を停め、温かいスープを作って飲ませてくださるなど、まるで神様のような対応に心より感謝申し上げた。

再び歩き始めるも、ヒグマの気配に身の危険を感じる。福山さんと相談して厚床駅に逃げ込むことにすると、五、六人の先客が雨風を避けて休んでいた。

歩いて根室市までの予定も次の電車まで二時間以上あり、バスで根室市街まで行くことにする。民宿に到着後、七時に花咲蟹の夕食を食べて観光客と歓談する。我々が歩いて北海道一周をしていると言うと、一同、驚いて質問攻めとなった。

翌日は二時に出発し、雨で遅れた分を取り返すために一層頑張って歩き始める。

根室駅から厚床に戻り、まずは昼食を取

北海道・根室にてバナナを頬張る。
荷物の取っ手部分はヒグマ対策用の仕込み杖

る。その際、姉別あたりの蜜蜂の巣がヒグマに襲われたという話を回覧板で読んだという地元の方の話を聞く。ヒグマと背中合わせの生活に緊張感を新たにして国道四四号線を西進し、浜中町のホテルで夕食を取る。

翌日は三時に出発する。厚岸《あっけし》町のあたりで「ヒグマ注意！」の看板を多数目にする。どうも〝ヒグマ〟という単語に過敏になっていると感じ、気を引き締めて歩き続ける。今回の旅も終盤に入ったが、ヒグマと縁がなかったことを感謝する。

門静、尾幌と過ぎるが、徹夜による睡魔と疲れで実に苦しく、休み休み歩く。釧路町に到達し、別保駅で仮眠を取った後は休みなしに歩いて目的地の釧路駅に到着する。

ゴールを福山さんと大喜びし、二人で記念写真を取る。彼は釧路空港から午前一一時三〇分の飛行機で神戸に発ち、私は午後一〇時二五分の夜行列車に乗り込む。千歳、札幌、函館、青森と四回乗り継ぎ、八月二一日の午前九時に大阪駅に到着する。自宅の最寄り駅には妻が自転車で迎えに来てくれており、久しぶりの家で食事と風呂を満喫した。

㉞【平成元年一〇月二九日～一一月二日】秋田県・山形県・新潟県

秋田市→本荘市→酒田市→鶴岡市→村上市→新潟市（約三〇〇キロ）

一〇月二八日、大阪駅を午後五時三五分に発つ秋田行き夜行列車に乗り込む。

ニュースでは鳥海山の山頂が冠雪し、東北の日本海側は寒くなったと言っていた。秋田駅到着は午前五時三四分であったが、午前三時過ぎには起床し、荷物の準備をする。

定刻通りに秋田駅に到着し、記念撮影をした後は駅舎を右手に見て秋田大橋に向かう。秋晴れの暖かい朝で、山々は中腹まで紅葉していた。羽越本線を左手に見て酒田街道（国道七号線）を歩き、松林が続く海岸線を見ながら第一の目的地である本荘市を目指す。

本荘市を過ぎ、夕方に仁賀保町に入る。その後、酒田街道と別れて平沢地区に入る。これまで日本各地を歩いてきたが、平沢地区の家は実に大きく、一般家屋、公共の建物などすべてが大きいように見受けられた。旅館に一泊して翌日二時に出発する。象潟《きさかた》町の蚶満寺は松尾芭蕉が「奥の細道」で訪ねた寺であり、今回の旅の計画中から、とりわけ興味を持った町でもある。待望の鳥海山であったが、残念ながら山頂は雲で覆われていた。

昼間は家並みと地方の文化を知るために旧道を行き、酒田に入る。庄内地方の酒田市は東北地方でも有数の米の集散地であり、最上川の水運で栄えた町でもある。

民宿に泊まり、深夜二時に出発する。早朝の酒田は寒く、三川町を過ぎて鶴岡市に入ったのは午前七時頃であった。月山、羽黒山、湯殿山の出羽三山を左に見て歩を進める。

朝方は気温五度以下だったが、由良に入る頃には冬支度を脱いでシャツ一枚で十分なほどの暑さとなる。海岸線を歩き、鼠ヶ関で一夜の宿を取る。下戸の私も宿の方と楽しく酒を交わす内、日付は変わっていた。寝るのが遅かったので三時過ぎに起床し、支度をして玄関を出ると大雨であった。慌てて雨支度を整え新潟県の村上市を目指して出発する。

このあたりの海岸線は「笹川流れ」と言って、奇岩や岩礁が多く天然記念物にも指定されている珍しい風景が続いており、ぜひ妻にも見せたいものだと感嘆する。

村上市に近づくと急坂となり、瀬波橋を渡って村上市街に入る。静かな田舎町を歩いていると、遠くに温泉街の灯りが見えた。地元の酒屋で旅館を尋ね、一軒の民宿に決める。民宿は部屋、風呂、寝具すべてに清潔感があって素晴らしかった。

翌日は午前三時に出発し、雨天の中、日本海に沿って岩船港、神林村、荒川町を過ぎて新潟市に向けて旧道を進む。たくさんのトラックが通り過ぎ、土建業が盛んなことを思い知らされる。途中の食堂で夕食を取るが、味噌汁が美味しくて思わずお代わりしてしまう。

その後は新潟市内まで県道を中心に歩く。新潟駅から車中の人となるが、今回の旅はバイパス（国道など）ではなく旧道を中心に歩いたことで心に残る旅となった。

㉟【平成元年一二月二九日〜二年一月一日】沖縄県

辺戸岬↓国頭村↓恩名村↓那覇市↓糸満市↓豊見城村↓那覇市（約二〇〇キロ）

平成元年最後の旅の目的地である沖縄を目指し、年の瀬も押し詰まった一二月二八日、妻に見送られて自宅を出て大阪国際空港に向かう。

直行便に乗って大阪湾、四国、九州を眼下に眺めつつ、やがて那覇空港に着陸する。バスで名護市に向かい、そこから先のバスは数時間に一本なので、タクシーで沖縄北端の辺戸《へど》岬に向かう人と相乗りする。まずは国頭村の旅館に一泊する。一二月も終わりというのに窓は全部開け放たれており、さすが沖縄と感嘆する。

午前二時三〇分に起床すると、旅館の女将が道中の無事を祈願してくださり感謝する。辺土名の開いている店で食事をして歩き始め、大宜味《おおぎみ》村を過ぎ、塩屋橋を渡り、一日歩き通して民宿に宿を取る。沖縄が本州と一番異なるのはもちろん気温もそうだが、建物はみな平屋造りで田んぼが少ない、いや、ないことだ。すべて沖縄特有の建築様式と風景である。

南国の旅は心を気楽にさせるが、その一方で、一つだけ忘れてはいけないことがある。それが沖縄ならではの危険ともいうべき、毒蛇ハブの存在である。ハブは何もしなければ襲ってはこないそうだが、いざと言う時に備えて万全の注意を欠かしてはならない。

翌日はまず恩名村を目指す。途中、さまざまな名前のビーチや沖縄海岸国定公園などもあり、歩いていても実に楽しい。南の楽園、黒潮薫る太平洋、見渡す限りの水平線、東シナ海に沈む夕日の壮大なドラマ……一日に歩く距離は四、五〇キロと楽な距離でもあり、今までの旅の中でも一番楽しいものとなった。

四日目は那覇市のホテルに泊まる。荷物を部屋に置いて買い物に行き、ホテルに帰る途中で今年最後の夕食を取って眠りに就く。

翌日は平成二年の元旦である。ホテルを午前三時にスタートし、まずは沖縄護国神社で新年の参拝をする。豊見城《とみぐすく》村を経て糸満市でひめゆりの塔に参拝する。具志頭《ぐしかみ》村では正月のマラソン大会が開かれており、選手にエールを送り、自分も頑張るぞと心に誓う。

途中、鍾乳洞が有名な玉泉洞に寄る。一面のサトウキビ畑が続く中、玉城《たまぐすく》、知念村と進み、雨が降っているので知念の郵便局で休憩させていただく。途中の佐敷町には亜熱帯の植物園もあり、ムード満点の原色の花が咲き乱れており、さすが沖縄と実感した。

東洋一の米軍基地を持ち、市街地にはロックハウスや米軍放出品を売る店もあって、沖縄は実に国際色豊かであった。一方で赤瓦の屋根にシーサーが置かれた家もある。先の大戦で一〇万人以上もの住民の犠牲者を出した沖縄には、戦争の傷跡が今も残っている。平和な日本が本当にありがたく、戦争は絶対にいけないとの思いをあらたにした。

幸いにしてハブと出合うこともなく、無事に沖縄の旅を終えた。

㊱【平成二年四月二三日〜五月三日】宮城県・岩手県・青森県

仙台市→塩釜市→気仙沼市→宮古市→八戸市→三沢市→青森市（約五五〇キロ）

今年の四月は暖かいと思っていたが、今日の仙台は雨降りで少し肌寒い。

国道四五号線を北上し、塩釜市は祭礼のようで街道には注連縄《しめなわ》が飾られていた。塩釜湾は〝表松島〟と言って観光船も多く、〝日本三景〟に等しい感情が湧いてくる。

雨脚が激しくなり、路上の水も汚れを洗い流して清めてくれるかのように強く流れている。その後、松島町に入るが、瑞巌寺も遅い時間で閉門になっており拝観することはできず、外から記念撮影をするのみであった。付近の宿に泊まって眠りに就く。

翌日は二時に起床するも大雨であった。身支度をして三時過ぎに出発し、矢本町へと歩を進める。雨は依然として強く、石巻市内に入る頃には雨水が胸元から腹に流れてくる始末であった。とても寒い中、河北町、津山町を過ぎ、旅館に宿泊する。

翌日は雨も上がり、山々の新緑も映えて楽しい旅となる。志津川湾の海岸線は実に眺望も良く、トンネルが多いのも陸中海岸の特徴である。

気仙沼市を歩いている時、突然、声を掛けられる。

「どちらから来られたのですか？」

「大阪から来て、仙台から陸中海岸を経由して青森に向かっている途中です」

私がそう答えると、名刺を渡されて新聞社の記者だと知る。そこで、本物を知るために日本一周を歩き始めて八年になることを説明すると、とても感嘆しておられた。

岩手県大船渡市、三陸町を過ぎて釜石市まで進む。山と谷の繰り返しでトンネルまたトンネルである。後日の地元の方の話では、東日本大震災以降、海岸線の人家は山腹に移ったそうだ。途中の船越湾、山田湾は静かな入り江である。宮古市を過ぎてもトンネルが続き、陸中海岸と言っても山ばかりの景観であり、谷を上ったり下りたりするのが大変であった。

久慈市内に入る頃に、若干、雨が降り始めてくる。道路は狭く、交通量が多いので歩くのも危険である。久慈市内の旅館で一泊し、翌朝三時三〇分に出発する。

種市町より先は平坦な道で、雨は降っているけれど相当のスピードで歩くことができた。

岩手と青森の県境を過ぎ、八戸市を目指す。八戸バイパスは非常によく整備されており、歩道も歩きやすい。八戸駅の近くにある旅館に宿泊し、翌日は国道四号線から別れて三三八号線を進み、百石《ももいし》町を過ぎる。道は狭くダンプカーも多いので気を引き締めて歩く。三沢市を目指す途中、白く冠雪した八甲田山系が目に入って来て感動する。

核燃料の再処理工場で有名な六ヶ所村に入る頃には再び雨が降り出してきて、近くの旅館に宿泊することにする。翌五月一日、陸奥湾に面した千草橋で妻が好きな帆立や蟹を購入して家に送る。平内町を過ぎ、浅虫温泉はゴールデンウイークとあってなかなか空室が見つからず、どうにか見つけた旅館で一泊し、翌朝五時に出発する。旧道を歩いて野内地区を過ぎ、何とか青森市街に入り、午前九時に青森駅に到着する。

㊲【平成二年八月七日～一五日】北海道

釧路市→広尾町→えりも町→新冠町→苫小牧市→室蘭市→豊浦町（五〇〇キロ）

今回で三年連続して夏の北海道に足を踏み入れることになる。

千歳空港から電車で釧路駅に向かう途中、周囲は薄暗く雨が降っていた。釧路駅の待合室で雨支度を済ませ、駅の公衆電話から妻に出発を報告する。

濃霧の国道三八号線に歩を進め、大楽毛《おたのしけ》、庶路《しょろ》、白糠町、音別町と至り、音別町の町役場で経路に関して相談し、雨の中、三八号線を進むことにする。その先は山間の道となり高低差が激しくなる。厚内付近で通り過ぎる車に声を掛けられるが、何と千歳空港からの電車で隣り合わせ、おにぎりをいただいたご夫婦であった。不意の再会に感動する。

浦幌駅の近くの旅館に入る頃には雷鳴と共に大雨となった。翌日は午前二時に起床して出発する。大型トラックの往来が激しい中、新吉野で富良野方面に向かうも道に迷ってしまい、運良く見つけた渡し舟で優雅に十勝川を越えることにする。要する時間は一〇分ほど、船頭さんは牧場の経営が本職だそうで、日に四回だけ渡し舟を出しているという。

そこから先は牧場と原野が繰り返す中を歩き、大樹《たいき》町の旅館に泊まることにする。そこには日本各地から来た若者が大勢泊まっており、私が日本一周歩いていることを話すと大変喜んでくれて、皆さん「頑張ってください！」と言って応援してくれた。

午前二時に出発する。牧場ばかりで通り過ぎる車もない中、広尾町に入ると海が見えてきて民家もあって活気がある。既に午後二時三〇分を過ぎていたが、昼食を取り、その先は旅館が全然ないと教えていただいたことからまだ四時前だが旅館に世話になる。

早く床に就いた分、深夜過ぎに起床して小雨が降る暗い中を出発する。国道三三六号線を南下し、トンネルが次々に現れる中、一心不乱に歩き続ける。

内陸部に入って追分峠付近に来ると大雨になり、濡れ鼠のようになってしまい旅館に一泊する。風呂からは窓越しに太平洋が一望できる良いところであった。

午後一一時過ぎのテレビのニュースで、台風が、えりも町から浦河町の間に上陸すると知らされ、翌日の行程に懸念を抱かざるを得ない。深夜二時に起床して準備をするも、やはり外は大雨と強風で歩けるような状況ではなく、とりあえず様子を見ることにする。七時三〇分頃になって一部に青空が見えて来たので出発する。

アポイ岳を右手に見て三三六号を進むと、台風の関係で堤防を越えた海水が道路を流れていた。太陽が顔を出してきたせいか、海辺では若干の人たちが昆布を干していた。

「おはようございます！　ご苦労様です」

そう声を掛けると、一人の方が日高昆布五本とコーヒー缶をくださり厚くお礼を述べた。

様似町、浦河町と歩を進め、途中、落石が危険な道路を歩く。えりも町のあたりで暗くなってきたが、どこかで懐中電灯をなくしたことに気づく。途中の店で購入しようとするも欲しい物がなく、日高三石で仕方なく希望とは違う懐中電灯を購入し、旅館に泊まる。

三石、静内、新冠《にいかっぷ》は東にそびえる日高山脈のせいで風が遮られて温かく感じる。静内で右足の人差し指にマメができているのに気づき、スーパーのベンチで治療する。それでも痛みが取れずに近くのビジネスホテルに泊まる。

午前二時に出発し、新冠町、厚賀、豊郷を経て、その日は鵡川町で一泊する。

翌日は雨の中、午前二時に出発する。苫小牧市まで山の中を歩き、苫小牧を過ぎた後は大雨の中、白老町、登別市、室蘭市と雨具と長靴姿で頑張って歩き、本輪西のビジネスホテルに泊まる。次の日は午前〇時三〇分に出発し、室蘭の夜景を堪能しつつ国道三七号線を山間地に上っていく。伊達市のガソリンスタンドで休憩させていただいたのは、すっかり夜が明けた午前七時三〇分で、昨夜のご飯

北海道の薄暗い夜道を歩く。あちこちに〝クマに注意！〟の標識がある中、懐中電灯の光を頼りにひたすら進む

で作っておいたおにぎりを食べる。

昭和新山と有珠山《うすざん》を右手に眺めながら、虻田町へと上るが、道路に歩道はなく大変危険であった。このあたりは海産物、果物、米作も盛んで海水浴場もあることから北海道では〝北の湘南〟とも呼ばれているそうだ。大自然は厳しいが、その一方で良い面もあり、バランスが保たれているのだなと納得した。

ようやく豊浦町に到着する。三年前に初めて北海道に入って出発地としたところが豊浦駅であることから、ここに至って、北海道の海岸線をちょうど一周したことに思い至る。

第五章　生きる気根

平成二〜四年〈六一歳〉関東、四国、北海道、北陸、中部、九州、東北地方

㊳【平成二年一一月三日〜八日】茨城県・千葉県

鹿島神宮↓銚子市↓勝浦市↓鴨川市↓館山市↓千葉市↓船橋市↓東京（約三三〇キロ）

平成二年（一九九〇）一一月三日、午前四時に起床する。

昨晩は妻が無事を祈って赤飯、鯛（目出鯛）、かち栗を用意してくれた。神棚に祈願している間に息子が約一八キロの荷物を玄関に下ろしてくれて、写真を撮って笑顔で出発する。午前六時二四分の新幹線に乗り、東京駅で鹿島神宮行きの在来線に乗り換える。

茨城県鹿島町の鹿島神宮に到着したのは午前一一時四〇分。境内に参拝すると、時節柄、七五三を祝う家族が大勢いて、菊人形なども飾られていた。

古めかしい食堂で昼食を取り、午後一時に房総半島一周の旅へ出発する。

国道一二四号線を進み、茨城と千葉の県境にある神栖町を過ぎ、利根川沿いに南下して

波崎町に歩を進める。途中のコンビニエンスストアの前で一休みしていると、若い男女が「ご苦労様です」と言って飲み物と缶詰を差し出してくださり、感謝していただいた。

利根川に架かる銚子大橋を渡ると、海岸に大きく開けた銚子市内の街が灯りに照らされて輝いていた。街灯の灯りの下、カモメが飛んでいるのが見えた。

雨が降り始めており、空腹を感じて近くの食堂で食事を取り、再び歩き始める。やがて山道となり、暗い中を歩いていくと、二〇〇メートルほど先にライトを点けた車が停まっている。どうやら私を待っている感じで、近づくと、乗っていたご夫婦が「雨で困っているに違いないでしょう」とおっしゃって、家

房総半島のとある町の食堂でお世話になったご婦人たちと。
胸には「歩いて日本一周」と大きく書かれたゼッケンを装着する

で休むよう誘ってくださった。

お茶と果物を出していただき、私が、日本一周歩いていることを告げると、泊まっていってくださいと勧められる。厚く感謝し、本日は徹夜で歩く予定なのでと丁寧にお断りする。ご夫婦は先ほど出会った場所まで車で送って下さり、再び一二六号線を歩き始める。

飯岡町から先、海岸線に出る道を誤り、午前二時頃、道路端でゴミを焼いている方に尋ねる。正しい道を教えてくださり、無事に海岸線に出ることができた。

依然として雨は降り続いており、遠くに見える海岸の波も激しいようだ。旭市を過ぎ、横芝町、成東町、東金市、九十九里町と歩を進めると風雨は更に強くなる。途中の食堂で食事をしている間も激しい雨は止む様子もなく、十分な準備で暴風雨の中を出発する。

歩くのは非常に困難で、あわや強風で吹き飛ばされそうな状態である。周囲の地形は平坦で、普段なら歩きやすい土地であるが、この雨風ではそうもいかない。途中、開いていた靴店で長靴を購入することができた。

大網白里町、白子町と通り過ぎた後、一軒の民宿を探し当てる。部屋に入る頃には先ほどまでの暴風雨が嘘のように晴れ渡り、十五夜のような満月が輝いていた。翌朝、満月で明るい中を歩き始める。九十九里道路から国道一二八号線を経て、遊歩道も完備された海岸線沿いの道を進む。途中、太東崎からの太平洋の眺望が実に素晴らしかった。

太東町も静かな田園地帯で、朝七時から営業しているという食堂で朝食を取る。

そこから御宿町まではトンネルも多く、一日歩いて行川《なめがわ》アイランドを過ぎたあたりで宿泊する予定であったが、行く手に見える街の灯りを目指して歩くことにする。

鴨川市に入ると、鴨川シーワールドやリゾートホテルが建ち並び、街は活気に満ちていた。鴨川の街は道が狭く曲がりくねっており歩きにくい。ホテルや旅館は高いので民宿を探す。何とか見つけた民宿は夜景がきれいで素晴らしい日の出が見られるそうだが、私は午前二時三〇分に出発するため、当然、朝日を拝むことはできなかった。

和田町、丸山町、千倉町、白浜町を過ぎ、館山市に到着して民宿に宿泊する。民宿の娘さんに夕食の蕎麦屋を紹介していただいたり、温かいおもてなしに感謝する。翌日午前二時三〇分に出発しようとすると、「宿泊費は一〇〇〇円で結構です」とおっしゃってくださり、しかもカステラや果物までご用意してくださるなど、厚く、厚く感謝申し上げた。

館山湾は波も静かで、海岸線には犬を連れて散歩する方々がたくさんいた。

富浦町、鋸南町を過ぎ、途中、二人の女性に飲み物を渡され、「ご苦労様です。元気で旅をしてください」と声を掛けられる。その際にお聞きした会社が近くなので感謝を申し上げようとして訪ねると、大勢の社員さんや社長さんまで現れ、厚くお礼申し上げた。

富津《ふっつ》市で一二七号線は山に入る。途中、山沿いで旅館はなく、目に付いたスナックでコーヒーを頼んでしばし休憩させていただき、再び、夜道を歩き始める。

旅館は見つからず、途中の商店で弁当を買い、そこで食べさせてもらうとお茶を提供してくださり感謝する。航空自衛隊木更津基地を過ぎ、袖ヶ浦を経て、国道一六号を進む。周囲は火力発電所や石油化学工場、製鉄所などが建ち並ぶ工業地帯である。

千葉市から先は一四号線で習志野市を経て、以前到着した船橋を目指すも辿り着けず、ビジネスホテルに部屋を取る。翌朝は船橋の浅間神社に参拝し、昔お世話になった稲垣商店社長のお宅に挨拶し、電車で巣鴨に住む弟宅を訪れて再会を喜ぶ。

㊴【平成二年一二月二七日〜三年一月一日】香川県・徳島県・高知県

高松市→鳴門市→徳島市→室戸市→高知市、淡路島（約三八〇キロ）

本年最後の旅であり、二度目の四国の海岸線巡りは私にとって希望のオアシスである。午後八時三四分の新幹線で新大阪を発ち、岡山からマリンライナーに乗り込んで瀬戸大橋を渡って高松駅に到着する。まずは前回の最終到着地であるアシックス高松支店まで夕クシーで行き、そこから国道一一号線を歩いて鳴門市を目指す。時刻は既に午後一一時過ぎで、目出し帽を被って歩くも海岸線は非常に寒い。

牟礼町八栗、志度町と、高松琴平電気鉄道の線路と並行して歩く。このあたりは四国八十八カ所霊場巡りの大詰めの地で真夜中に歩くのも意義があると考える。志度町には江戸時代の鬼才・平賀源内の旧邸と銅像がある。

厳しい寒さの中、徳島県に入って鳴門市に到着する。鳴門には大鳴門橋があり、淡路島ルートの四国側の入り口である。撫養《むや》町にある旅館に一泊し、翌日は午前一時三〇分に出発する。若干、山の方に向かい、松茂町にある徳島空港を経て大鳴門橋を眺める。

国道一一号線を徳島に向かい、吉野川を渡って城下町・徳島市に到着する。前回、徳島市から那賀川沿いの羽ノ浦町まで歩いているので、タクシーでそこまで行って山沿いの二八号線~一九五号線を歩き始める。鷲敷《わじき》町、相生町と、田んぼが続く長閑な村落を進む。その先は海に向かって歩き、日和佐町の民宿で泊まり、二三番霊場の薬王寺に参拝する。

午前一時に宿を出発し、海南町、海部町、宍喰《ししくい》町と海岸線が美しい土佐浜街道を行く。その先で高知との県境を越え、甲浦《かんのうら》を経て室戸市佐喜浜町の旅館に泊まる。

室戸岬は太平洋に向かってV字型に突き出しており、土佐湾を挟んで西端の足摺岬と相対しており、この地は秋ともなると〝台風銀座〟とも呼ばれている。

室戸岬から西進し、幕末の志士・中岡慎太郎の生誕地である北刈村に隣接する奈半利《なはり》町のあたりで強い雨が降り始める。氷雨のせいで道路事情も大変悪く感じる。途中の蕎麦屋で本年最後の〝晦日蕎麦〟をいただく。その後も雨脚は弱まらず、安芸市内に到着してホテルに泊まる。

安芸市には岩崎弥太郎の生家もあり、幕末の偉人を数多く輩出した土地でもある。また、徳島、高知の海岸線沿いは海賊料理と言って、海老、栄螺《さざえ》、鮑など、新鮮な魚介をそのまま焼く野性味溢れる豪快な料理が楽しめるが、見方によっては残酷な料理にも思える。

年が明けて平成三年一月一日、午前一時三〇分に起床してホテルを発つ。

昨日は大雨であったが、年が明けると真っ青な晴天で初日の出を眺めつつ歩く。芸西村、夜須《やす》町、赤岡町は道路が整備されており、気持ち良く歩くことができる。土佐山田町を経て前回歩いた南国市のJR土讃線御免駅に到着したのは午後一時三〇分であった。

そこからは電車に乗り込み、池田、徳島で乗り換えて鳴門に向かい、鳴門からはバスで淡路島に向かい、南淡《なんだん》町の福良港で下車する。

元日の夕方で店は開いておらず食事するところもなく、午後八時頃に旅館に泊まる。荷物を置いて食堂を探すも見つからず、タクシー会社の人に聞いた店を訪ねるが閉まっていた。やむなく声を掛けると店の方がお好み焼きを作ってくださり、感謝して旅館に戻る。旅館では別の部屋の宴会で騒がしく、十分寝られないまま午前一時に出発する。

その後は洲本市を経て淡路市まで歩き、淡路島北端に近い岩屋港で土産物を買って明石淡路フェリーに乗り込み、瀬戸内海を越えて明石駅から大阪に帰る。

㊵【平成三年四月二六日～五月二日】高知県・愛媛県・香川県

高知市↓宿毛市↓宇和島市↓松山市↓今治市↓伊予小松（約五〇〇キロ）

四月二六日の夕刻に大阪を出て、マリンライナーで四国に渡り、坂出駅から土讃線で高知県の佐川駅に到着する。無人駅だが駅前にはタクシーも停まっていた。

駅で歩く準備を整え、小雨降る中、午後一〇時三〇分に出発し、国道五六号線を南下して須崎市に向かう。暖かく感じる四月下旬だが、それでも海辺は寒い。

中土佐町からは獣道になり、仕方なく旅行用カートを背負って急な坂を休み休み登って峠へと向かう。窪川、市野瀬と過ぎ、佐賀町の旅館を予約する。

途中のビニールハウスでキュウリの出荷作業に遭遇する。挨拶すると三〇歳前後の青年が特級だというキュウリを五本、私にくださった。その場で一本食べると実に甘く、青年に感謝を申し上げる。その後、旅館に到着して風呂に入ると、窓から満月が見えて元気をもらう。

翌日は午前一時にスタートし、土佐入野を経て待望の四万十川に到達する。しかし、透明な清流で知られる四万十川も、雨のせいかもしれないが清流とは言えなかった。その先は土佐清水市を目指すが、再び雨が激しくなったために旅館に泊まる。

夜が明けても雨は止まず、旅館の女将が見送ってくれる中、スタートする。雨具のため汗をかきながら歩き、竜串、小才角《こさいつの》と整備された遊歩道を楽しく進む。海岸線の眺めは荘厳で、足摺宇和海国定公園は旅人にとって心躍る地であった。大月町は山また山の連続で、宿毛《すくも》市を経て愛媛県に入り、一本松温泉にある旅館に泊まる。旅館は温泉も部屋も、夜具に至るまで素晴らしく疲れをすっかり取ることができた。

十分に休んで午前二時にスタートする。今日の夜空は満天の星空で雨具の必要がないことに感謝する。城辺町、御荘《みしょう》町を経て宇和島市に到着する。宇和島は街の中心に宇和島城があって、商店街も実に立派である。また、予土線、土讃線と交通の要衝でもある。

旅館に一泊して翌日は午前四時にスタートする。宇和島から八幡浜市に向かう途中で二人の若いお遍路と遭遇し、足が痛むという若者に痛みの取り方を教える。

八幡浜市は細長い街で、若干の活気がある。坂道を上り続け、北上して保内町に至る。ここから先は厳しい試練の旅になることから、途中の店で菓子パン二個を食べ、コーヒー牛乳を飲んで食堂で昼食を取ることなく歩き続ける。夕刻が迫る中、道路工事に遭遇し、休憩している方に松山方面までの道を尋ねる。その方に教えてもらった道を行くと、実に良い道路で山間からは長閑な鶯の鳴き声も聞こえ、旅人を歓迎してくれた。

途中で老夫婦と出会って話をすると、ぜひ今晩泊まっていってくださいと懇願される。申し訳ないので付近に民宿があるか尋ねた後、お言葉に甘えて少しだけお宅にお邪魔する。家に案内されて夕食をいただき、その間、これまで歩いた体験談をお話しし、その後は民宿に案内してもらう。ご夫婦には丁寧に感謝し、お別れする。

翌日は午前一時に出発し、月明りの下、松山市を目指す。実に寒い中を歩き続け、山頂に冠雪が残る石鎚山を望み、松山駅に到着し、ビジネスホテルに泊まる。

睡眠を取った後、午前二時にスタートして北条市に向かう。北条市、菊間町、大西町は瀬戸内海の船舶の往復が激しい。今治まで歩いて今治駅の周辺でビジネスホテルを探すもどこも満室で、やっと街外れのホテルに空室を見つけて素泊まりをする。翌朝は午前四時に出発し、国道一九六号線を歩いて伊予小松を目指す。その後、国道一九六号線から一一号線の合流地点まで歩き、これによって四国の海岸線、山岳地帯をすべて完歩を果たす。

㊶【平成三年八月六日〜一二日】北海道

留萌市→石狩市→小樽市→余市市→積丹市→江差町→松前町→函館市（約六五〇キロ）

平成三年八月五日に大阪駅から特急寝台に乗って翌日、函館駅に到着し、札幌で乗り換えて同日午後六時、留萌駅に到着する。

夕刻とあって駅前の人出は少なく、留萌の街は想像していたより静かであった。駅の職員に金槌を借りて、荷物を載せる旅行用カートを調整する。

六時三〇分に国道二三一号線をスタートする。今晩は徹夜で歩く予定だが、周囲に食堂もない。海岸のキャンプ場に屋台があり、食事を注文しようとすると、「今日は休みなので、あるもので良ければ」と言ってくださり、ご馳走になる。

地元の方によると、暑寒別岳、浜益岳付近でヒグマが出没したそうで、夜間に歩くのは危険だと忠告される。四度目の北海道で、何度目かの「ヒグマ注意」の声を聞いたが、ヒグマの恐怖は死と隣り合わせなので一向に慣れない。仕込み杖や鈴の準備などを十分に確認した上、覚悟の徹夜歩行に挑む。

海岸線から山腹に山間を縫って、暗闇の下、登り続ける。午前三時頃になると疲れも増し、ヒグマの恐怖が足の痛みをより一層強くする。黒岩トンネル、岩尾温泉、雄冬岬と日本海側を南下し、水量の多い群別川を越えて浜益村の繁華街に入る。

食堂で民宿の所在をお聞きすると南の濃昼《ごきびる》にあるそうなので、そこまで歩くことにする。海岸線から山へ、山から海岸線への繰り返しである。濃昼に入り、出会った方に民宿を尋ねると、残念ながらここはないという答え。仕方ないので商店で若干の食料を買ってバス停で仮眠させてもらう。幸い商店のご婦人が毛布を貸してくださったので深夜まで眠る。

午前〇時三〇分、商店のご婦人に礼を言って毛布を返し、雨の中を再び歩き始める。トンネルをいくつも越え、厚田浜を過ぎて石狩町に到着する。石狩川は北海道の母なる川である。風が強い中、二三一号線を延々と歩き、ようやく小樽市の銭函で旅館に泊まる。三時間ばかり眠って体を休ませる。

朝日を受けて小樽港の海面は光輝いていたが、鰊漁で賑わった昔の面影はもちろんない。それでも街の人々は元気そうであった。塩谷、桃内、忍路《おしょろ》、蘭島《あらぎ》、余市町と進むも足の痛みはひどくなるばかりで、途中、余市で見つけた整骨院に入って足の治療を受ける。

白岩、古平町とトンネルが続く。しかも、山側は五、六〇〇メートルもの岩が直立しており危険である。道路工事も多く、歩くのに苦労して古平町の民宿に辿り着く。豪勢な食事に部屋からの眺望も良いようだが、睡眠を取るだけの私にはあまり関係ない。

朝早く出発し、積丹半島から神恵内《かもえない》村に至る海沿いの道が不通のため、峠越えを余儀なくされる。その日もなかなか民宿に空室が見つからず、何とか通常は客室で使わない別室に泊めてくれる民宿を見つける。風呂に入り、痛む足を治療して眠りに就く。

翌日は午前一時に出発し、六時前に照岸海岸あたりを通り過ぎるが、そこで出会った地元の女性に足の痛みのことを話すと、たくさんの湿布薬と飲み物をくださり、厚く感謝する。薬と飲み物だけでなく元気をもらって寿都《すっつ》湾を目指す。その後もあちこちで出会った方々に飲み物や軽食をいただき、こんな一日は珍しいと心から感謝する。寿都町の大磯町に入ると雨が降って来て、旅館を予約して午後一〇時頃に遅い夕食を取る。

翌日は一日歩き続けて島牧村の民宿に泊まる。痛む足に湿布薬を付けて軽くマッサージして眠りに就く。島牧村を出ると、狩場トンネル、茂津多《もったた》トンネル、瀬棚トンネルとトンネルが続く北海道の秘境を進む。海岸沿いには海水浴場があるものの山にはヒグマがおり、地元の方も恐れている。国道二二九号線を今金町、熊石町と過ぎ、民宿に泊まる。

乙部町で再び足が痛み出し、気分を変えるために散髪屋に入って髪を切る。すると、その日はお祭りのようで、店の方に赤飯をいただき感謝申し上げる。江差町に入ると、犬の散歩中の方にヒグマが出たから危険だと教えてもらう。やむを得ず、バスで松前町に行く。

北海道久遠郡瀬棚町の
瀬棚トンネル前にて。
左に置かれているのは荷物と
ヒグマ用の仕込み杖にヘルメット

松前駅に到着し、近所の蕎麦屋で蕎麦をいただく。その日は夏祭りの盆踊り大会だそうで、街には若者がたくさんいて賑わっていた。中心街には〝横綱通り〟という名の通りもあるが、この地は千代の山、千代の富士とその名の通り横綱の出身地である。また、松前町から函館に向かう途中の知内《しりうち》町は歌手・北島三郎の故郷で大変な賑わいを見せていた。

その先の木古内町では、ヒグマが何と九頭も出没したそうだ。足の強い痛みもあって今回は仕方なく中止を決める。函館駅まで電車で行き、旅館で一泊して土産物などを購入して八月一七日午後五時四七分の寝台列車に乗り込み、一路大阪を目指す。

北海道全行程約二〇〇〇キロを無事に完歩できたことを丸菱産業の竹村彦善社長ら、精神的、経済的に世話になった方々に北の空から感謝する。私個人の力では到底不可能であり、信頼できる人間関係こそが人生において最高に大事であるという感動も新たにした。今回の旅で北海道には四回来たことになる。来る前はその広大さに恐れを抱いていたものだが、今となっては北海道もそんなに広くないと思えるまでになった。

㊷【平成三年一一月一五日〜二一日】富山県・石川県

高岡市→氷見市→七尾市→珠洲市→輪島市→志賀町→羽咋市→金沢市（約三五〇キロ）

大阪・御堂筋の銀杏も黄色く色づいてきた平成三年一一月一五日、大阪駅を午後五時一〇分に出る特急電車〝スーパー雷鳥〟に乗って富山の高岡を目指す。昼間、妻がアシックスの福山甚九郎さんから届いた新しい靴を会社まで届けてくれた。

京都、福井、金沢と、車窓から通り過ぎる景色を眺め、定刻通りに到着した高岡駅で立ち食い蕎麦を食べる。そして、駅員にこの地の近況を尋ねて、午後一〇時一〇分に歩き始める。高岡市を出て氷見《ひみ》市を通って能登半島に入り、石川県の七尾市に到着する。七尾南湾岸は歩道も綺麗に整備されて非常に歩きやすい。

午後四時を過ぎ、和倉温泉駅近くで旅館を探す。一軒のビジネスホテルに部屋を取った後、駅前の食堂で夕食を取る。旅館に戻って風呂に入り、明日の準備をする。

午前一時、満天の星空に今日一日の無事を祈って出発する。田鶴浜の海岸から見る和倉温泉は街灯の明かりで輝いて見えた。中島町、能登島町と七尾西湾をぐるっと回り、この日の目的地である穴水町を目指す。

二度目の夜は能都町の民宿に泊まる。眺望も良いそうで、朝まで休むことができれば日の出も楽しめるというが、私の出発は午前一時である。起床し、夜具を整理してご主人と奥様に挨拶して出発する。宇出津《うしつ》のトンネルを越え、能登半島北端の珠洲《すず》市に入る。

金剛崎、禄剛崎《ろっこう》と進み、途中の鮮魚店の奥様が調べてくれた大谷町地区の旅館に泊まる。旅館は魚料理がとても美味しかった。午前一時に旅館を出た頃には見えていた星がいつの間にか雨雲に覆われ、まるで恒例行事のように大雨と強風になる。民家の軒先に避難するも、一一月の能登半島の変わりやすい気候には驚愕する。

この付近、海岸線から山に向かって千枚田が並んでいて見事である。千枚田から輪島市の灯りが見えるが、なかなか辿り着かない。午前一〇時頃に輪島市内に入り、食堂で昼食を取って総持寺に参拝する。

一日に何回も風雨を繰り返し、ずぶ濡れになって古びた民宿に到着する。風呂に入って足の手入れをして床に就き、午前〇時一〇分に起床して窓を開けると星が輝いていた。それでも風の強い中を出発し、志賀町、羽咋《はくい》市と過ぎる。途中、晴天から一転して雷鳴が轟き始め、風雨と共に雹《ひょう》が激しく降ってきた。最後の最後まで天気に恵まれない能登半島の旅で、羽咋駅前のビジネスホテルに泊まることにする。

翌日は定刻通り午前一時一〇分に出発し、国道一五九号線を高松町、宇ノ気町と比較的平地を進む。

能登半島のとある駅にて

金沢市手前の津幡町ではトラックで果物の路上販売をしている女性から蜜柑と飴をいただく。今回は事前の足の治療もうまくいき、大変楽しい旅であった。

一一月二一日午前一一時、目的地である金沢駅には一日早く到着することができた。以前来た時とは違う新しく生まれ変わった金沢駅の構内や商店街をしばらく散策した後は、午後五時一九分発のスーパー雷鳥に乗り込み、一路、大阪を目指す。

㊸【平成三年一二月二七日〜平成四年一月一日】神奈川県・静岡県

小田原市↓熱海市↓熱川温泉↓下田市↓南伊豆町↓三島市（約二五〇キロ）

平成三年最後の日本一周の旅は、一二月二七日に事務所の整理・清掃を終えた後、新大阪駅を午後六時四分に出る新幹線に乗り込む。車窓から見る街は大雨で濡れていた。

午後八時二九分に小田原駅に到着して雨具を準備し、まずは開いていた中華料理店で夕食を取る。年末の静岡は雨のせいかとても寒く、国道一三五号線を根府川に向かう。

根府川駅で足を休め、湯河原を経て熱海に到着する。時刻は午前五時五〇分、尾崎紅葉の有名な『金色夜叉』の〝貫一お宮の像〟の前で記念写真を撮る。このあたりの温泉旅館や民宿は、年末年始とあってどこも満室だと地元の方が教えてくれた。

相模湾沿いを南下し、途中のガソリンスタンドで教えてもらった伊東市の旅館を予約することができた。到着すると女将らが出迎えてくれて、風呂の後で餅や味噌汁、漬け物などをいただき、ありがたいおもてなしに深く感謝する。出発はいつものように午前〇時三〇分であったが、女将はわざわざ見送ってくださり、心よりお礼を言う。

赤沢、北川と過ぎ、高層ビルのようなホテルが立ち並ぶ熱川温泉では、三五年前の新婚旅行の際に訪ねた時の思い出が蘇ってきた。

下田市街から一三六号線に入り内陸部に向かうが、南伊豆町まで道路は狭い。南伊豆町を通り過ぎ、町役場の方が頼んでくれた子浦のペンションに泊まることができた。

強風と寒さで歩くのに苦労し、上着を一枚余計に羽織って進む。トンネルを越えると駿河湾の海が見えてきたが、風もますます強くなり、海水が霧のように降り掛かってくる。暗くなってきたので懐中電灯を点けて歩き、何とかペンションに辿り着くが、建物が倒れるのではないかと思えるほどの暴風に驚愕する。

翌三〇日も午前〇時三〇分に出発する。相変わらずの強風であったが、そのせいか綺麗な星空が見えた。波勝岬、雲見温泉と進み、雲見温泉は立派な旅館が多く、沿道には彫刻が点在しており旅人に楽しさと憩いを与えてくれる。

途中の酒屋で休憩させてもらうと、店のご婦人が味噌汁を出してくださり、お礼を言っていただく。西伊豆町の先で一三六号線は再び山中に入るが、土肥町の海岸からは富士山の眺望が素晴らしく、記念写真を撮る。修善寺町、長岡、沼津市を経て三島市に至る。一三六号線を真北に進み、三島市内に入る。三島市は規模が大きくたくさんのホテルが建ち並び、どこのホテルの駐車場も満車で非常に活気に溢れていた。

ここまで来ると数年前に歩いた足跡と交わり、今回の目的を達成する。

㊹【平成四年四月二四日〜五月三日】福岡県・大分県・宮崎県・鹿児島県

北九州市→別府市→大分市→延岡市→宮崎市→垂水市→鹿児島市（約六五〇キロ）

四月二四日の午後五時二分に新大阪駅を発ち、午後七時三〇分に小倉駅に到着する。

まずは第一目標の大分県宇佐市を目指して歩き始める。苅田町、行橋《ゆくはし》市、豊前市を過ぎて大分県に入る。中津市街は活気に満ちており、福沢諭吉の旧居跡を見学して記念撮影をする。偉人の出生地ということで希望を抱いて歩く。昭和の大横綱・双葉山の出身地でもある宇佐市、豊後高田市と過ぎ、今回最初の旅館に泊まる。

午前一時に出発して国見町、国東《くにさき》町と歩き、大分空港を左手に見て進む。途中、地元の方に教えていただいた旅館に向かう。旅館は素泊まりなので、近所で弁当と果物を買う。

翌日も午前一時に旅館を出て、杵築《きつき》市、日出《ひじ》町を経て、マラソンと温泉で有名な別府市に至る。このあたりの道路は歩道が四〇センチくらいと狭いため、引いている旅行用カートが一段低い車道に落ちそうになるので非常に危険である。

大分市は〝一村一品運動〟などがマスコミを賑わわせているが、あまり活気は感じない。煙草屋の公衆電話で市の観光課に電話し、今晩の宿を決める。辿り着いたのは午後八時頃で、付近の食堂はどこも閉まっており、ようやく見つけた中華そば屋で夕食を取る。

旅館で風呂に入り、足の手入れをして旅館の方に翌日の歩行経路を相談する。佐賀関の道路は細く危険で、坂ノ市から熊崎に抜ける有料道路が安全とのことなので、その道を行く。午前一時に旅館を出て有料道路の入り口に着いたのは一時間後で、係員は驚いていた。早朝で車も少ない中を歩き、臼杵《うすき》市、津久見市のあたりは石灰の産地で山々は削られ山肌は白くなっていた。延々と歩き、佐伯《さいき》市に入ると通りすがりの方に飲み物や食べ物を何度もいただき、感謝の念に堪えない。佐伯市は造船の町のように思われた。

午後八時頃、日豊本線佐伯駅に到着し、旅館を見つけて風呂に入り、寝ることにする。

翌日は非常に寒い。佐伯市から海岸線を通って宮崎県の北浦まで行く予定であったが、地元の方の話ではやはり道路が狭く危険なので内陸に向かって国道一〇号線を行く。

弥生町から先は山深く、鳥の鳴き声を聞いた。直川村のガソリンスタンドで朝食を取り、その後も山また山の中を進み、夜遅くに宮崎県延岡市に到着する。大雨の上に旅館も見つからず、近くのスーパーの方が教えてくれた旅館にやっと泊まることができた。

翌日は午前六時までゆっくり眠り、前回、延岡市～鹿児島市間は歩いているので、電車で延岡駅から一気に宮崎市の隣り清武町に向かう。

昨晩の大雨で川や田んぼが溢れている中、清武駅から国道二二〇号線を南下し、〝鬼の洗濯岩〟で有名な青島を左手に見て歩く。道路には花がたくさん植えられており、南国感に溢れていた。このあたりはイチゴの産地で、私も三パック買って食事代わりに食べる。

堀切峠の先は海が広がっており、まさに日南海岸に来た感じである。その先の旅館に泊まり、豪勢な食事を味わう。午前一時に出発し、鵜戸神宮の先のトンネルを抜ける。今朝は特に寒く海風が強い。昨日買ったビールを一口二口飲み、ほろ酔い加減で進む。

広瀬川を渡ると日南市の市街地に入る。国道二二〇号線と別れ、〝人間魚雷「回天」訓練の地〟の碑がある南郷町を過ぎ、幸島《こうじま》に近いドライブインに泊まる。海水で芋を洗う習性を持つ猿がいる幸島は数十メートル先に浮かんでいるが、暗くて見えなかった。

午後一〇時三〇分に寝床に就き、翌日午前一時に真っ暗な中を歩き始める。海岸線から山に入り、人家もないような山道を延々歩く。都井岬から宮崎県の南端・串間市に向かい、鹿児島県に入って大隅夏井駅を経て志布志町に入る。幅広い道路が続く市街地を進み、予定していたホテルに空室が確保できたので泊まることにする。夕食を取りに街に出て、食後に明日の朝食も購入して帰るが、街はどことなく淋しい感じであった。

翌日は大崎町、串良町とほぼ真っ直ぐな道を進む。静寂に満ちた午前三時、私一人、薩摩の旅人になった気分で足を進める。そこから先は大隅半島である。午後三時三〇分、九州最南端の佐多岬から妻に電話で近況報告した後は大泊に向けて出発する。

上り下りが激しく、建設関係と思われる車の往来が激しい山道を進む。佐多街道に出てキャンプ場や海水浴場が連なり、海上自衛隊鹿屋《かのや》航空地基地などを通り過ぎ、鹿屋市の旅館に一泊する。翌日は午前〇時五五分に出発する。垂水市の市街地に入ると桜島の噴火による灰が多く積もっていて歩くのに苦労する。野山、海岸、街……その他、火山灰の影響は大きく街の活力がないような気がする。桜島は一九一四（大正三）年の噴火で溶岩が流れ出て、大隅半島と陸続きになったという。

錦江湾（鹿児島湾）は対岸まで約二〇キロの大きな湾で、垂水市の海岸からは十数キロ先の鹿児島市が眺められる。垂水からは海沿いに桜島の南側を歩き、桜島の西端の港からフェリーで一五分という今回の旅の最終目的地の鹿児島を目指す。

鹿児島市は島津氏七七万石の城下町である。街並みは〝東洋のナポリ〟と呼ばれるほどで南国ムードに溢れており、西郷隆盛ら明治維新の偉人の出生地で名所旧跡も数多い。

㊺【平成四年八月一一日～二一日】秋田県・青森県

東能代駅→五所川原市→青森市→六ケ所村→大間町→むつ市→野辺地町（約六〇〇キロ）

いくつもの山や峠をも越える六〇〇キロという東北の長い旅を完歩するには極めて強い意志が必要であると感じ、種々の準備を整えて、相当な悲壮感を持って臨む。

八月一〇日の午後五時四七分に大阪駅を発つ寝台特急日本海に乗り込む。途中、何度か目が覚めるが、窓の外は雨が降り続いており、翌日、スタート地点の秋田県東能代駅に着いた時も大雨だった。久しぶりの駅蕎麦はとても美味しかった。

駅前の商店街で購入した長靴を履いて歩き始める。峰浜村、八森町と過ぎると山が迫っており、クマの生息地であろうと想像する。途中の民宿に泊まり翌日は三時に出発。八峰村の駅で、世界遺産の白神山地より湧き出でて、参勤交代の途中に津軽藩主も飲んだという〝お殿水〟をいただく。

青森県に入って、深浦町を進む。この一帯は奥深い山である。その先の千畳敷海岸にあるドライブインに宿泊する。宿の主人は酒好きで、宿泊客に交じって歓談している。この地方の宿の習慣かもしれないが、下戸の私は少々苦手である。

深浦町、鰺ヶ沢町のあたりはクマに要注意であり、殊に赤石町地区は山中で狩猟を行う〝マタギ〟で有名な土地である。東の方角には晴れ間ができて岩木山が見えていた。また、鰺ヶ沢は〝技のデパート〟とも呼ばれた小兵関取、舞の海の出身地である。

海岸線に沿って国道一〇一号線を行くと、沿道にはイカ焼きの店が並んでいた。その内

日本海に面した青森県の鰺ヶ沢町の港にて。
イカを焼いている風の1枚

の一軒で塩辛とイカ焼きをいただき朝食とする。

森田村、柏村と歩を進め、五所川原市はこの付近の中心地である。また、十三湖など、周囲にはたくさんの湖がある。十三湖近くの旅館で素泊まりとするが、旅館のご厚意で夕食をいただく。だが、その約二〇分後に腹部に激痛が走り、トイレに駆け込む。その後も三回ほどトイレに走って眠ることもできず、どうにか腹痛が収まった午前三時に出発する。

中里町、小泊村と国道三三九号線を行くと、海岸は海水浴客やキャンプ客で賑わっている。小泊の商店で食料を買い求め、今別町の民宿を予約する。今別町に近づくと勾配が激しく心臓が痛む。途中、何度も痛みを感じて頂上に辿り着くと、針葉樹の大木が林立していた。まさに東北の絶景で、山奥にはクマが棲息しているであろうと感じる。

かなりの時間歩いたものの龍飛崎には辿り着かず、やっと眺望台に到着する。突然、そこにいた方々から拍手が上がり、予期せぬ拍手に疲れも飛んで元気をもらう。

青函トンネルの青森側の入り口がある今別町までの道路は整備されて歩きやすいが、相当遠い。三厩《みんまや》駅を目標に海岸の道を延々歩いていると、途中で打ち上げ花火が見えた。今別町に到着すると、民宿の方が何とオートバイで迎えに来てくれていた。

翌日は雨も上がり、少し晴れ間もあった。蟹田町、蓬田《よもぎた》村と過ぎ、夕刻から小雨が降り始める。青森市に到着するも既に午前二時を回っており、街の人に聞いた二四時間営業の健康ランドで風呂に入って仮眠を取り、午前五時に雨にも負けず出発する。

青森駅から野辺地行きの始発電車に乗り、以前歩いた場所を通過し、バスとタクシーを乗り継いで三沢市天ヶ森で降りて大ヶ所村尾駮《おぶち》まで歩く。雨はやまず、長靴に履き替えて泊港まで、通り過ぎるトラックの水しぶきを浴びながら歩き続け、ついに旅館に辿り着く。

翌日は東通村白糠、小田野沢と進み、尻屋崎まで至る予定が、雨風と坂道のために遅れに遅れ、むつ市の田名部方面に向かう。途中の商店で聞いた旅館に泊まろうとするが、予約していないことを理由に断られる。仕方なく道に戻り、立ち話をしていた方々に付近に宿がないか尋ねると、その内の一人が旅館の経営者で、休憩室を借りて休むことができた。

しかも、翌朝はおにぎりまで作ってくださり、感謝を申し上げて午前三時に出発する。大畑町の旅館で昼食を取り、周囲に泊まれる旅館もないので歩き続け、賑わっている風間浦村下風呂温泉を過ぎ、鮪で有名な大間町のガソリンスタンドで昼食を取らせていただき、教えてもらった佐井村の民宿を目指す。この付近は道路の起伏が激しく歩くのに疲れる。

そんな中、薄暗い道の一〇〇メートルほど先を真っ黒な物体が横切っていった。クマかと思い覚悟を決めて前進するが、何も異状はなく胸を撫で下ろして民宿に到着する。

翌日は午前一時に出発すると、すぐに急傾斜の道となる。この地に道路ができるまでは人を寄せ付けない人跡未踏の地であったことを思わせる。その先の仏ヶ浦は海岸の眺望が素晴らしい。川内町を経て再びむつ市街に入り、旅館に宿泊する。翌日は横浜町、吹越《ふっこし》と平坦地を進むが、クマの生息地でもあるので十分に注意する。そして、ようやく最後の宿泊地である野辺地に到着し、青森駅からは寝台特急に乗って大阪駅を目指す。

青森県にある津軽国定公園の千畳敷海岸で記念写真。この写真が朝日新聞の記事に掲載された

14版　1992年(平成4年)9月13日　日曜日　朝日新聞

63歳 大阪の藤巻さん

歩いて歩いて10年 めざすは日本一周

日本全国を一人で歩き、すでに四十七都道府県を縦横断した大阪市住之江区の会社顧問、藤巻仁司さん(六三)が、海岸線沿いの全道路の踏破に挑んでいる。国道や県道を中心に、これまで歩いた距離は約1万1400㌔。日本一周まで残り約1000㌔となった。仕事のかたわら休日を利用しての「歩け」で、再来年には目標を達成、足跡をたどればそのまま日本地図になる行脚の完成だ。

(若林幹生)

再来年には〝大願成就〟

サンデーワイド

藤巻さんが歩き始めたのは一九八三年、五十四歳のとき。大阪から伊勢まで約170㌔を三泊四日で歩く伊勢参りツアーに参加したのがきっかけだった。「いきなりぶっつけ本番でやるのは無理」と、半年間は京都や奈良まで歩き、ツアーに備えた。

「伊勢参り」を無事果たした藤巻さんは「歩くことに自信がつき、楽しさもわかった」という。そこで、翌八四年の春、姫路城までの約100㌔に挑戦した。午前零時に大阪を出発、一睡もしないで歩いたが、足の裏に豆ができ、残り30㌔でリタイアしてしまった。

しかし、足が治って再起。姫路城までの残る距離を歩いた藤巻さんは、そのまま「西進」を続けた。休日ごとに、姫路から岡山まで。さらに岡山から広島、広島から門司へと距離を延ばしていった。道路地図をもとに距離を計算し、予定表を作成。一日に60㌔のノルマを課した。

八四年末には、ついに鹿児島まで到達。「それなら全都道府県をこの足で歩いてみよう」と熱はあがるばかり。八五年二月からの伊勢―豊田市を皮切りに、豊田―長野・軽井沢、軽井沢―福島・会津若松と歩き続けた。

「ハングリー精神で継続」

装備は、雨具一式と水筒、着替え、懐中電灯など全部で重さ約20㌔。背負ったときもあったが、いまは特注のカートにリュックを載せ、引っ張って歩く。北海道などクマの出そうな地域では、警察の許可を受け特製のやりを持っていった。その北海道では四度も台風に遭ったが、暴風雨の中を歩きとおした。

「歩き抜くには、徹底的なハングリー精神が必要。歩くことで五感が発達した。自然から学んだことは実に多い」と藤巻さん。宿泊場所は民宿や旅館を、その場で決める。歩行日記に支出の明細、出会った人の住所なども書く。世話になった人への礼状も欠かさない。家族ぐるみで付き合う友人もできたという。

身長164㌢、67㌔の体重は十年間変わらない。今でも毎朝、15㌔の徒歩通勤を続けている。

「ロマンを求めて歩いているが、歩くことはあくまで過程。人生と同じく近道はない」が、藤巻さんの信条だ。「ここまでやってこられたのも家内の援助があったからこそ。会社の理解にも感謝しています」

日本歩け歩け協会の木谷道宣事務局長は「これほど歩いている例は、聞いたことがない。高齢化社会に向けての新しいライフスタイルになるのでは」と称賛する。

藤巻さんはこの十月に佐渡島を一周。来年五月には鹿児島の薩摩半島、八月に天草―長崎―平戸―福岡。そして再来年の五月には紀伊半島の残りを歩き、全行程を踏破する予定だ。

日本一周を目指す藤巻さん＝九二年八月、青森県津軽の千畳敷で

記事が掲載された平成４年９月13日の朝日新聞朝刊

第六章　究極のバランス

平成四～七年〈六三歳〉九州、近畿、中部、関東地方を歩いて日本一周達成

㊻【平成四年一〇月九日～一四日】新潟県

両津→内海府→真野→西三川地区→赤泊→畑野→両津（約二三〇キロ）

佐渡島一周の計画だが、今回も天気が悪いようなので雨に備えた準備をする。

大阪を発った時から雲行きは悪く、北陸線沿線も大雨であったり、ところどころ晴れ間があったりの不機嫌な空模様であった。新潟駅に到着した時も雨で、タクシーに乗って新潟港に向かい、佐渡汽船の最終便に乗って両津港に午前〇時五分に到着する。

大雨の真夜中にもかかわらず、港は大勢の出迎えの人たちで賑わっていた。雨具を着て、まずは両津警察署を訪ねて佐渡島についてご指導をいただき、午前一時三〇分に出発する。

晴天なら十五夜の月が楽しめるはずの夜を、雨の中、両津湾、内海府海岸と進む。佐渡島北端の弾埼《はじきさき》灯台、二ツ亀方面を目指して歩くが、時々小雨になったかと思うと、あっと

いう間に再び激しい雨になる。朝になり、黒姫大橋から眺める山々は大変素晴らしい。
虫崎のドライブインで朝食を取ると、女将のご厚意で無料にしていただき感謝申し上げる。

佐渡島の道路整備は進んでおらず、非常に歩きにくい。北小浦、見立、内海府と歩を進め、昼頃に弾埼灯台から西岸を南下する。そこから先の海岸線は奇岩が並ぶ絶景が素晴らしいが、道路は狭いので要注意である。

北鵜島を経て大ザレ川に架かる海府大橋を渡る。海府大橋は長さと高さにおいて佐渡随一の橋であるという。外海府、五十浦《いかうら》、入崎《にゅうざき》と予定通り通過し、旅館に宿泊する。

翌日は午前一時に出発し、平根崎、尖閣湾と進み、佐渡金山で有名な相川の街に到着するが、現代の相川は想像していたより活気のない街であった。

真野町を歩いていると地元の新聞社の記者に呼び止められ、取材を受ける。

西三川地区の鉄砲鼻にあるドライブインを予約し、そこを目的地として懸命に歩く。途中、ガソリンスタンドも経営している雑貨店でパンその他を購入する。西三川に入ると、今晩は月明かりで道もよく見える。鉄砲鼻は文字通り岩が突出した場所である。宿に到着すると、本日の宿泊客は私一人ということで、少々の夕食を用意してくださり感謝する。

入浴と洗濯を済ませて床に就き、午前一時に出発する。海岸線から山に入り、国道三五〇号線を進む。このあたりは佐渡柿の産地で、周囲は柿の木ばかりである。また、付近は風除けのためか植木が家の垣根となっており、道路も樹木でトンネルのようである。

再び雨が降り始めたので雨用の装備に着替え、小比叡《こひえ》あたりで明るくなり始める。走っている車は軽自動車が多く、午前六時過ぎに小木港に到着して記念撮影をする。ガソリンスタンドで休憩させていただき、赤泊村を目指し、農林漁業会館で食事をする。

赤泊村は柿の他に海産物も豊富で、村にも活気がある。赤泊からは旧道の商店街を歩いていると、広い道路に合流する。すると海岸線と別れて急に上り坂となる。途中で、この県道は真野方面に向かい両津市とは違う方向に向かっていると気づき、二キロほど遠回りをしてしまう。付近で旅館を探すも見つからず、やっと畑野にある旅館を見つける。

畑野の旅館を午前一時に出発する。雨も止んで晴れ上がり、明るい月夜の下を歩く。

午前二時に日蓮聖人着岸の地と言われている松ヶ崎の本行寺に辿り着く。

本行寺には「日蓮聖人龍燈説法」の石像が建っており、また、境内には「女人は男を財とす　男は女人を命とす」と書かれた紙が貼られており、大変感銘を受ける。

松ヶ崎から赤玉地区の海岸線から望む日本海は実に静かであった。

月明かりの下、佐渡島のほぼ中央の畑野町を歩いていた午前二時一三分、私は、これまでの日本一周の旅の中で最大のクライマックスとも言うべき現象に遭遇する。

それはまさに一つの〝奇蹟〟と言ってもいいかもしれない。月明かりに照らされて私の影が道路にくっきりと映し出された瞬間、私の脳裏に一つの言葉が響きわたった。

「この世のバランスは、六〇対四〇である」

その言葉を聞いた私は、一瞬の内にすべてを理解した。

なるほど！　そういうことか！

冒頭にも書いたように、私は世界の救済を求めて日本一周を歩き始めた。そして、ついにその答えを得ることができたようだ。なぜなら、バランスと言えば大抵の人が考える割合は半分半分、五〇対五〇である。天秤だって右と左が同量でないと倒れてしまう。しかし、それが果たして真理として正解なのかというと、必ずしもそうとは限らない。

五〇対五〇は左右均等でバランスが取れているように見えるかもしれないが、実は、左右均等＝硬直状態とも言える。いわばマンネリのようなものである。

また、世界の主流とも言えるバランスを表す数字には、世の中のすべてを支配すると言われるユダヤの法則〝七八対二二〟や、経済学において売上の八割は全顧客の二割が生み出しているなどというパレートの法則〝八〇対二〇〟が挙げられるが、今の世界がそうであるように、偏ったそれらのバランスからは〝勝者と敗者〟が生まれるのみである。

そこを均等から少しだけずれた〝六〇対四〇〟にすれば切磋琢磨が生まれて、そこから相手と〝共創〟〝シナジー〟が始まり、新しい世界が誕生するのではないだろうか。

それを理解した瞬間、私は今日まで一〇年以上、日本一周を目指して歩いてきて本当に良かった、これまでの私の努力が認められたのだと心の底から思った。

渇望していた答えをいただき、感謝感激、言葉に表すことができないほどの感動を得た。六〇対四〇という数字は頭で考えただけでは出てこない。まさに〝体解《たいげ》〟――言葉でなく行動で示せという仏教の教えを命懸けで実践したことから得られた答えである。

私は、人間が生きる〝理〟〝規範〟とも呼ぶべきものを〝定規〟と呼んでいる。その定規は、五〇対五〇ではなく六〇対四〇でなければならなかったのだ。

世界中の人類が六〇対四〇のバランスを理解することで争いはなくなり、円満なる解決が得られて恒久平和が実現できる。それこそが人類の夢であり、永遠の幸福である。

この世に生を享《う》け、社会のために最大の努力をすることで笑顔で明るい世界を構築する。

真実を大切に仲良く生活し、相手の人格も立場も十分に肯定し考慮する。そのためのバランスを示す数字が〝六〇対四〇〟なのだ。

私はこの本を通じて、そのことを強く、強く伝えたいと願っている。


こうして、神の啓示を受けて身も心も軽くなった私は意気揚々と歩みを続けた。

その後、月布施《つきぶせ》の民家で朝食をいただき感謝する。片野尾、大川、入桑《いりくわ》と過ぎ、両尾で畑仕事をしていた農家のご婦人と出会い、両津港から新潟行の船の時間を尋ねると、家でお茶とお菓子をいただき感謝する。その後、酒店でも飲み物をいただき、田舎の方の情愛を感じた。

新潟・佐渡島の公園で一休み。
手作りの旅行用カートに荷物を載せて

両津港の手前、住吉温泉で一休みして、佐渡一周の垢を洗い流し、帰宅の準備をしてフェリー乗り場に向かう。港で夕食を取り、土産物を購入して船上の人となる。

㊼【平成五年四月二六日〜五月三日】鹿児島県・熊本県・長崎県

鹿児島→枕崎市→天草市→諫早市→長崎市→野母崎（約三七〇キロ）

平成五年（一九九三）四月二六日、午後一時二八分の新幹線で新大阪駅を発ち、博多駅で乗り換え、夕刻に西鹿児島駅に到着する。身支度を調え、星が輝く午後九時三〇分にスタートする。

鹿児島市内の道路は広く、歩道も整備されていて歩きやすい。国道二二六号線から二二五号線に入り、田辺町から薩摩半島に沿って枕崎方面を目指す。その途中、喜入町《きいれちょう》は人家も途切れ途切れで、海岸線も静かである。指宿市《いぶすき》、山川町、開聞町、頴娃町《えい》のあたりは家並みも立派で畑が多く農業で潤っているように見えた。

水成川の民宿で一泊するが、残念ながらあまり感じが良くない。洗濯をしても乾燥機の調子が悪くしっかり乾かなかった。深夜、再び歩き始めるが、午前二時頃、大雨となる。途中のバス停で雨具に着替えて枕崎市に向かう。到着した枕崎は男らしい活気に満ちた街と想像していたが、現実は静かな港町で、大型トラックと鰹の看板が目に付いた。

坊津町、笠沙町と歩き、今晩の宿を調達しようとするが、笠沙町の旅館はどこも満室で、何とか大浦町の民宿に部屋を取ることができた。民宿の女将はとても親切で、料理も沢山用意していただいたが、それは嬉しいことに鯛尽くしの豪華版であった。

翌日は午前一時に出発して加世田市万世町を目指す。途中、唐仁原で出会った女性から麦茶が入った水筒と熟した柿を五個、そして鹿児島ちまきを器一杯いただき、深く感謝申し上げた。

金峰町、吹上町、伊集院町、郡山町と進み、阿久根駅にある旅館に宿泊する。

午前一時に出発し、長島町から熊本県の天草諸島に渡る。牛深港に到着し、遠見山の裾野を歩くが、道は急勾配で、日差しも強く首筋から腕にかけてひりひりする暑さである。

長い坂道を上り続け、頂上が近づいてきた頃、オートバイの青年が声を掛けてきて談笑する。その後、リュックサックを背負った方とすれ違う。挨拶を交わした後、水のペットボトルと飴、煎餅一袋を差し上げると大変喜ばれて、互いに励まし合って別れた。

やがて到着した本渡《ほんど》市は天草地方の主要都市で、商店街も整備されている。私は本渡市にある諏訪神社で講演を頼まれていて、講演終了後、関係者から夕食を御馳走される。天草は海産物に恵まれ、久し振りに舌鼓を打つ。

旅館に戻ったのは深夜〇時を回っており、入浴と睡眠を取り、午前四時三〇分に出発する。五和町《いつわ》から島原市に向かう予定で、途中で出会った新聞配達の方に道を尋ねる。

そんな中、突然、雨が降り出し、本渡警察署で雨具の準備をさせていただく。途轍もない集中豪雨の中、海沿いに北上して鬼池港に到着する。風雨が強いので漁船はすべて停泊中であった。小さな港で海も大荒れであったが、島鉄フェリーに乗って何とか長崎県の口之津港に到着する。大雨のために島原市方面の交通はすべてストップしていたが、私は権田鼻、南串山町から海岸線を東に山に登るように大きく迂回して歩く。

JR 日本最南端の有人駅である鹿児島県の山川駅に到着

その頃には雨も小降りになった。途中のスーパーで働いている方に近隣の旅館を聞いてもらうが、残念ながらどこも満室であった。仕方なく小浜町まで歩く。この付近は海岸線まで山が迫っており、溶岩の落石防止の設備が断続的に続いている。国道二五一号線が雲仙天草国立公園を一周しており、雲仙普賢岳の周囲の海岸線に人が住んでいる状態だ。

小浜温泉まで残り二キロ程度となり、今晩の宿泊先を決めないといけない。途中の石油店で休憩させていただき、店の方に旅館を聞いて電話を借りた。すると、大広間であれば構わないという旅館が見つかり、感謝申し上げる。何と経営者は小浜町長でもあった。

到着すると、大広間は大広間だが、舞台上に私の布団が用意されていて驚くしかなかった。ご丁寧にお茶をいただき、しかも無料ということで厚くお礼を申し上げた。

翌日は三時に出発し、千々石《ちぢわ》町、愛野町、森山町と進む。森山町から諫早市までは有明海の景色も良く、広く平坦な道を行く。多良見町から先は長崎までバスで向かう。地元の方に尋ねると、その先の野母崎町まで宿泊施設がないということで、交番の巡査にお聞きしたところ野母崎の健康センターを紹介される。

健康センターに到着して足の治療を行い、その後、湯量もたっぷりな風呂に五、六回繰り返し入浴して疲れを取った。翌朝は朝一番のバスに間に合うように出発する。

㊽【平成五年八月九日～（交通事故で中止）】長崎県

長崎市↓神ノ島町

雨の中、新大阪から新幹線に乗り込み、広島、博多と見慣れた街を通り過ぎ、長崎駅に到着する。今年五月に鹿児島～長崎まで完歩した思い出の街である。

付近に食堂はないため、国道二〇二号線沿いまで歩いて夕食を取り、朝食の準備をして午後九時にスタートする。神ノ島町方面を目指して歩き、途中のバス停で出会った方に道を尋ねる。長崎は平地が少なく坂の街で、道路の高低差も大きく危険である。

バス停で休憩していると、数頭の野犬の群れが現れて私に向かって吠えてくるので、その中でも強そうな一匹を目掛けて追い立てると、犬たちは逃げていった。

しばらく歩いて前方にトンネルが見えて来た直後のことである。

突然、〝ドンッ！〟と背後から強い力で押されて、私は道路に叩き付けられた。

「痛っ！」

どうやら車に追突されたようで、路面に横たわりながら、激痛と鮮血とで一度ならず二度驚愕していると、すぐに青年が車から降りて来た。彼は私をそっと抱えて、安全な場所に移動させた。通り掛かったタクシーの運転手が警察と救急車を呼んでくれた。

救急車で病院に運ばれて診察を受ける。上唇と右膝に裂傷があり、それぞれ二針、六針縫う。また、右手は掌が青く腫れており、左手人差し指にも傷があり、右肩、首、腰には打撲痕があった。医師によると、全治二週間の怪我とのことだった。

翌朝は病室で痛みと共に目覚め、テレビを見ると前日に襲来した台風が今日、平戸付近に上陸し、各地で大きな被害が出ているというニュースが流れていた。その瞬間、もし、事故に遭遇しなかったら、今頃ちょうどその付近を歩いているはずだと思った。そう思うと、この事故も神仏の〝はからい〟で、不幸を最小限にできたことに感謝した。

二日後の一二日、例の青年が父親と共に来院して丁寧に謝罪し、示談を申し出てきたので了承する。翌一三日に地元の農協職員立ち合いの下で手続きを終えた。

八月一五日、まだまだ痛みは残るものの退院の日が来る。青年が運転する車で長崎駅まで送ってもらい、去り際、土産をいただきお礼を言うと、青年は深々と頭を下げた。過失とはいえ事故後の対応は立派で、実に礼儀正しい青年であったことにまたもや感謝した。

車窓から通り過ぎていく景色を眺めながら、長い長い旅もあと数回となり、私の人生の後半はまさに歩く人生そのもので、良い体験となったことに思いを馳せる。

新大阪駅に到着すると、妻と息子が車で迎えに来てくれていた。

帰宅し、久し振りに風呂に入る。縫合した糸が残る足は外に出して湯船に浸かり、旅の垢を妻に落としてもらい、家庭の味を十分に堪能する。

㊾【平成五年一〇月三〇日～一一月一日】和歌山県

和歌山市→有田市→田辺市→白浜町→太地町→那智勝浦町→新宮市（約二二〇キロ）

交通事故後、初めての旅とあって病院で入念な検査を受け、また指圧などをしてもらう。妻がいつも通り作ってくれた栄養満点の食事を食べて、風呂に入って体をほぐす。和歌山地方は雨予報のため雨具の準備をして、妻と息子に見送られて家を出る。

地元の駅から地下鉄に乗り、南海電鉄難波駅から和歌山行きの満員の急行電車に乗り込む。一時間ほどで和歌山駅に到着し、駅を出ると激しい雨が降っていた。

午後一〇時、目的地の新宮市を目指してスタートする。紀三井寺、和歌浦、海南市と通り過ぎ、雨にもかかわらず数人の釣り客がポツリポツリと立っている海岸線を歩く。

朝方に蜜柑の本場である有田市に差し掛かると、山の斜面の蜜柑畑は色づいていた。湯浅町、広川町、美浜町、御坊市と歩を進める。それぞれの街は活気に乏しく、家並みも古びていた。印南《いなみ》町の海には漁船が多数見え、山には豪華なホテルが乱立しているように輝いていた。しかし、夜が明けるとそれは灯りが点いたビニールハウスだと気づく。

農家の方に尋ねると、花卉《かき》を栽培しており、夜中も灯りを点けておくことで大きな花が咲くのだという。お蔭で印南町は花卉の出荷が盛んらしい。

続く南部町は梅の街で、〝元祖〟〝家元〟〝本家〟……さまざまな看板で賑わっていた。

活気がある田辺市を過ぎ、上富田《かみとんだ》町、白浜町と歩く。上富田町は歌手・坂本冬美の故郷である。富田トンネルを抜けると急な上り坂となり、山も険しくなってくる。

椿温泉の旅館に一泊し、日置川を渡ってすさみ町に至る。すさみ町は延々歩いてもなかなか通り過ぎることのできな

和歌山県の熊野三山を目指す。
右手に杖、帽子を被って
標準的な歩行装備（自宅前にて）

い横に長い町であった。串本海中公園、本州最南端の潮岬を経て橋杭岩がある橋杭海水浴場に至る。そこから見る紀伊大島は雄大であった。

古座、紀伊田原駅を経て捕鯨で有名な太地町を歩き、那智勝浦町に到着する。このあたりは〝熊野三山〟の地である。

紀伊半島一周の際の駅にて。
雨天時は雨合羽の上下を着て、
荷物はビニールシートで覆う

紀伊勝浦駅から大阪に帰ることにする。交通事故後の体の調子は以前ほどではないが、足は十分に回復しており、左手首、腰部には多少の痛みも残るが、治療と事故後の鍛錬で完治も時間の問題であろう。何より人間はロマンがないと生きていくエネルギーが湧いてこないし、年齢に関係なく挑戦し続けることが重要なのだ。

⑩【平成六年四月二五日～五月一日】長崎県・佐賀県・福岡県

長崎市→佐世保市→平戸市→伊万里市→玄海町→唐津市→福岡市（約三五〇キロ）

今回で五回目の九州への旅である。年齢のせいか交通事故の怪我も完治したとはいえないため、十分に注意し、事前に傷害保険に加入して万全の準備を整える。

午前九時一二分に新大阪駅から新幹線に乗車し、博多駅で乗り換えて午後二時五八分に長崎駅に到着する。細心の注意を払って歩き、畝刈《あぜかり》を経て宿泊地の三京町に至る。

深夜二時三〇分に出発し、月明りの下を進み、外海《そとめ》町の公園で朝食を取る。

大瀬戸町、西海町を通り過ぎると、遥か彼方に大島町、崎戸町が見える。西海町の港には二隻の定期船が船腹を岸に向けており、連絡船待合所でおにぎりと蕎麦を食べる。

民宿に一泊して午前一時に出発する。針尾東、ハウステンボスと過ぎて早岐《はいき》川手前で針尾バイパスに入る。このあたりは歩道が完備されており、歩く能率が上がる。

街はまだ眠っていて、時々、犬が私の足音に驚いて大声で吠える。二四時間営業のコンビニエンスストアが夜空に輝きを放って旅人に安心感を与えてくれた。途中、旅行用カートの車輪が片方外れてしまい、時間を掛けて修理する。

佐世保駅に到着すると、朝早い人々がバス停に並んでいた。長崎もそうだが、佐世保も山が目の前に迫っており、その隙間に人家やビルが建っている。国道三五号線も終点で、ここから二〇四号線で、周囲は佐世保公園や米海軍佐世保基地、海上自衛隊佐世保総監部の他、沢山の工場が建ち並んでいる。佐世保港はとても賑わっていた。

相浦から佐々町へと進むが、非常に暑く、また、道路が狭いのでスピードを出せない。江迎《えむかえ》町にあるバス営業所で旅館を尋ねると、ここから先しばらくは民宿、旅館はないと教えられる。だが、途中で出会ったご婦人から宿を提供されてありがたくお受けする。

午前一時三〇分に起床し、ご婦人に厚くお礼を言って二時に出発する。

平戸大橋は普通車三〇〇円、原付バイク五〇円で、歩行者は無料であった。国道三八三号線を進み、本日の目標である九州最西端の野子町にある宮ノ浦に到着し、民宿に泊まる。翌朝はバスで再び平戸大橋入り口まで行き、そこからは本来の徒歩に戻る。国道二〇四号線を田平町、松浦市と過ぎて今福町の旅館に泊まる。

午前二時に旅館を出て再び国道二〇四号線を歩き始めて佐賀県に入り、磁器の本場である伊万里市を過ぎる。途中、農協のガソリンスタンドで休憩し、道を教えていただくと、汗を拭いてくださいとおっしゃって手拭を三枚くださり心から感謝する。

途中の農協で休憩させてもらい、途中で出会った方に教えていただいた肥前町万賀里川の旅館を目指し、曲がりくねった海岸線を歩いてやっとのことで辿り着く。荷物を置くと、風呂は近くにある町の福祉センターにある風呂に入ってくださいと言われた。

だが、福祉センターを出る際、排水溝に左足が落ちてセメントの角で膝下を深く切って出血してしまう。旅館でいただいた包帯を巻いてどうにか応急処置をする。

翌朝は五時に出発する。玄海町に入ってタクシー会社で休憩させていただき、足の傷の治療のために近くの病院を訪ねる。排水溝での怪我であることから黴菌が入ると大変なので破傷風の予防注射が必要だと言われ、隣町の病院で予防注射を受ける。

看護婦に今日は安静が必要と言われ、紹介された民宿でゆっくり休養を取る。

翌朝は四時に出発し、呼子《よぶこ》町を経て唐津市街へ入る。唐津は発電所、警察署、そして、唐津城と今まで体験のないほどの美しい街並みであった。松並木は四キロ続き、疲れを忘れて活力をいただき歩き続ける。ただ一つ、歩道がないのが淋しい限りである。

浜玉町で宿を取り、足の治療をして全身を温めて床に就く。翌朝は福岡県に入って前原市を進み、国道二〇二号線を東進し、志摩町に至る。志摩町の畑にはビニールハウスが並んでおり、ハウス内では赤くて大きなイチゴが出荷を待っていた。

店先を掃除中の酒店のご婦人が声を掛けてくださり、お茶をいただき感謝する。「朝食はまだですか?」と聞かれ、海苔を巻いたおにぎり数個をいただき、美味しく頂戴して感謝をする。

玄海国定公園の幣《にぎ》の松原や二見ヶ浦の鳥居と夫婦岩には感動する。両手を合わせ、歩いて日本一周の達成を祈願する。再び二〇二号線に交流し、酒店のご婦人に教えていただいた病院で足の治療をしていただき、目的地の博多を目指して再び歩き始める。

福岡市街で空室のある旅館が見つからず、西区、早良《さわら》区と進み、中央区で何とか空室がある旅館を見つけ、夕食は外で食べて西日本最後の眠りに就く。

翌朝、身支度を整えて出発し、活力に溢れた福岡の市街地を散策する。明日から「博多どん

福岡県糸島市の絶景、二見ヶ浦の夫婦岩と白い鳥居の前で

たく」が開催されるということで街は大いに盛り上がっていた。

㉛【平成六年八月八日〜一四日】和歌山県・三重県

那智勝浦市→尾鷲市→志摩市→鳥羽市→伊勢市・伊勢神宮（約二六〇キロ）

昭和五八年六月六日に大阪から崇神天皇陵まで約六〇キロの距離を歩いてから、一二年の年月が流れた。紀伊半島一周の旅を完歩することでいよいよ仕上げの時を迎える。

今夏の気象は気象台開設以来の猛暑であり、地面は反射熱で五〇度にも達しようかというほどで歩くには到底向かないという過酷な環境である。

しかし、一二年間の体験の総合力を試すのに最も適した状

日本一周完歩を目指して
紀伊半島一周へ。
歩行時に被るヘルメットを
麦藁帽子に替えて電車に乗り込む

況であると、あえて自分に言い聞かせて準備をする。

平成六年八月八日午後三時三〇分、会社の神棚に無事完歩を祈願する。冷房に慣れた体は外に出ると汗で濡れ鼠のようになり、今回の旅は前途多難と自覚して行動する。

天王寺駅を午後五時ちょうどに出る新宮市行きの列車に乗り込む。和歌山、田辺、串本、太地と見覚えのある道を思い出していると、那智勝浦町に到着する。

今晩は徹夜歩行である。すぐに咽喉《のど》が渇いて、いくら水を飲んでもすぐに汗が噴き出して咽喉が乾くし、非常に疲れる。出発前から暑いとは分かっていても、これほど暑いとは思っておらず、まったくもって閉口するしかない。

午前四時頃に新宮市に到着し、新宮川に架かる熊野大橋を渡る。熊野灘を望む三重県紀宝町の井田海岸はアカウミガメの産卵地であるという。

滝のように汗が流れるも歩き続け、途中のトンネルでは排気ガスと熱気で息苦しくなり、通り掛かった車で出口まで送ってもらう。三重との県境を越えて尾鷲《おわせ》市に入り、宿泊先を探すもどこも満室であったが、何とか一軒の旅館で空室を見つけることができた。

翌朝、騒々しいほどの蝉の鳴き声の下、紀伊長島のトンネルを過ぎると、にわかに風が吹き、久し振りに強い雨が降り始める。一時間ほどで雨は上がり、再び陽が差した。

南勢町迫間《はさま》浦の旅館に泊まる。翌朝、南勢町船越地区に入ると、寺社と土地の風情が伊勢路を感じさせる。〝真珠王〟と呼ばれた御木本幸吉の生誕地である五ヶ所湾を右に見て進み、浜島町から志摩市の御座まで英虞《あご》湾を船で送ってもらう。乗船料は大人一人三〇〇円とありがたい価格であった。今夜の宿泊地を決めるために志摩町観光協会を訪ねる。

大王町を過ぎ、阿児町からパールロードに入る。的矢湾には牡蠣の養殖所が並んでいた。国崎、石鏡と過ぎ、鳥羽市鍋釜落に到着したのが午後二時で、朝食と昼食を兼ねた食事を取る。息子が予約してくれた今晩の宿である鳥羽市内の旅館までは、まだ相当の距離がある。

鳥羽市内に入り、旅館まで数キロのところで車で来てくれた妻、息子と合流する。荷物を車に載せて身軽になって歩き始めると、今までより速いスピードで歩くことができた。

旅館に到着し、日本一周最後の夜を親子三人水入らずで穏やかに過ごす。

部屋の窓を開けていると潮風が入ってくる。潮風は肌に感じが悪く、かといって窓を閉めると暑いので、冷房の電源を入れる。何と冷房代として一〇〇円を取られた。

夜が明けて八月一四日、今日でいよいよ日本一周の旅も終了である。

朝方は雨であったが、伊勢神宮までの道は歩道も広く歩きやすい。孫娘が高熱で入院している病院が近くにあることからお見舞いに行くと、孫娘は元気な姿で安心する。

そして、身支度を整えて伊勢神宮の参門を通り、まずは外宮、そして猿田彦神社に参拝し、五十鈴川の玉砂利を一歩一歩踏みしめて待望の内宮に参拝する。

こうして、ついに歩いて日本一周の旅が終わった瞬間を迎えた！

その時、私の目には涙が溢れ、妻や息子と抱き合って大喜びした。暑さもすべての疲れも吹き飛んで、宙を舞っているかのような気分だった。思い起こせば崇神天皇陵に始まり、伊勢神宮で終わる一二年の歳月を要した日本

三重県伊勢神宮でついに日本一周完歩を達成する！

一周の旅の終着点を迎えたのである。

私のこの二本の足で日本全国に足跡を残すことができて、神様に深く感謝した。


――この一二年間を思い返すと、苦しかったことが次々と思い出されるが、体力的に一番苦しかったのは、交通事故に遭った時、もしくは、ヒグマが棲む北海道の原野を緊張感を抱えながら歩き通した時であろうか。また、佐渡島で「この世のバランスは六〇対四〇」という啓示を受けたことは、日本一周どころか、私の人生の中でも一番のクライマックスであったに違いない。まさに、人生の集大成ともいえる出来事の連続であった。

そんなさまざまな体験が脳裏を過る中、一二年間の体験のエネルギーは無限であり、今後、その実証をすることが私の課題であり、私の生き甲斐でもあると思い知らされた。

そして、丸菱産業の竹村彦善社長に無事に完歩できたことを報告し、お礼を申し上げた。同時に、家族や会社など周囲の方々、あるいは、町々で宿や食事を提供してくれた方々のお蔭であり、皆様に感謝の思いを念じた。

㊾【平成六年一〇月三〇日〜一一月一日】神奈川県（三浦半島一周）

横浜駅→横須賀市→観音崎→三浦市→鎌倉市→藤沢市→茅ヶ崎市（約一一〇キロ）

以上で日本一周を無事に歩き終えたわけだが、思い返してみると、まだまだ歩き尽くしていない場所があることに私は納得がいかず、どうしても歩いてみたくなった。

平成六年一〇月二九日、大阪の阿倍野を午後一〇時三〇分に出る夜行バスに乗って、横浜駅西口に翌朝六時一〇分に到着する。若干寒い朝であった。

横浜在住の友人が車で出迎えてくれ、ホテルで朝食をいただく。しばらく歓談した後、横浜駅まで送ってくれて厚くお礼申し上げ、再会を約束して別れる。

横浜駅西口をスタートする。山下公園は賑わっており、彼方にベイブリッジを望む。本牧、根岸、磯子、杉田と順調に過ぎ、京浜急行の側道を進み、最初の宿は金沢八景にする。

翌朝は六浦、追浜、田浦を歩いて横須賀に到着する。

今回、一日の歩行距離は約三〇キロとこれまでの半分の距離であり、身も心も軽い。

横須賀は米軍関係者らしき人物が非常に多い。横須賀市役所付近が街の中心地のようである。三春町から国道一六号線と別れて海岸線に入る。防波堤の沿道にはさまざまな絵が描かれていた。走水海岸や観音崎灯台を経て浦賀に至り、西浦のペリー上陸記念碑を過ぎて野比海岸を行く。このあたりの海岸沿いは非常に見晴らしが良い。

観光案内所の紹介で三浦市の剣崎岬にある民宿に泊まる。翌朝、松輪、毘沙門と三浦半島の南端部を海岸線に沿って歩く。三浦の市街地に到着して城ヶ島公園を訪ねて展望台に上る。遙か海の彼方に千葉県の鋸《のこぎり》山や富津方面が光って見えた。数年前、房総半島を一周した際、東京湾フェリーから見えたのと逆地点に立っていることに感慨を覚える。

三浦市では通勤する人たちが多く、道路は京浜急行三崎口駅までバスの往来が激しい。左に行くと油壺湾、右の国道一三四号線は葉山町を経て鎌倉市街地に向かう。

この付近は三浦大根の産地である。田んぼはなく畑のみであることから、水の確保が難しいのではないかと思う。航空自衛隊武山分屯地、御用邸のある葉山町を過ぎ、鎌倉市、藤沢市と歩いて江の島神社に到着する。付近のホテルは一泊一万五〇〇〇〜二万円が相場だが、ありがたいことに六〇〇〇円で泊めてもらうことができた。

翌朝四時に出発して湘南海岸公園を歩いていると、砂浜を大勢の人たちが元気良く歩いており、海に目をやると若い男女が寒い中でもサーフィンを楽しんでいた。

茅ヶ崎市では下水道公社でコーヒーをいただき、屋上から富士山や湘南地区を一望させてもらったことを感謝申し上げる。平塚市では国道一号線から相模湾が一望できた。

㊸【平成七年四月二九日～五月二日】愛知県（知多半島、渥美半島完歩）

名古屋駅→東海市→羽豆崎→豊橋市→田原市→伊良湖岬→二川駅（約一四〇キロ）

半年振りの旅は四月二九日午前四時に起床し、五時に地元の駅を出発して新大阪駅から新幹線に乗って名古屋駅に七時に到着する。

名古屋駅を出て国道一九号線を進み、道徳駅、竜宮町、大江町、船見町とオフィスビルが建ち並ぶ中を歩く。天白川を越えて東海市に入る。海岸線は工場地帯で国道一五五号線を進んで常滑《とこなめ》市に入る。その後は二四七号線に入るが、その頃より雨が激しく降り始め、大谷地区の先の坂井温泉にある旅館に宿泊する。

翌朝は午前四時三〇分に出発する。美浜町、奥田、野間と歩いて南知多町に入る。知多半島南端の羽豆岬に到着するが、雨にけぶっていて知多湾はよく見えない。

そこから先は海岸線を北上し、武豊町で手打ちうどんをいただく。富貴駅付近の旅館に宿泊する。翌朝は武豊駅を経て、右手に工場が建ち並ぶ中、半田市から海底を貫く衣浦トンネルを歩いて通ると予想以上に早く歩くことができた。

雨は依然として降り続いている。碧南市は田畑が広がり、国道二四七号線を歩いて西尾市に入る。途中、吉良町を過ぎるが、ここは「忠臣蔵」で有名な赤穂浪士の敵役、吉良上野介こと義央《よしなか》のお膝元である。「忠臣蔵」では吉良上野介は敵役だが、地元では数々の善政を敷いた名君と称えられているそうだ。濡れ鼠姿で遠慮しつつ食堂に入ると、店内の視線が私に集中する。女将に勧められた席に座り、寿司定食を注文し、美味しくいただいた。

大雨の中、二四七号線を進む。幡豆《はず》町、蒲郡市は時節柄空室が少ないようで、途中の喫茶店で教えていただいたビジネスホテルに泊まることができた。なぜか祭日のために風呂は休みとのことで、コインランドリーで洗濯を済ませる。夕食は近くの蕎麦屋で舌鼓を打つ。

翌朝は豊川市の御津《みと》町を経て豊川を渡って豊橋市に入り、そこから田原町に入る。田原町の道路は狭く歩くのに注意しないといけない。また、沿道にはビニールハウスが多く農業が盛んで町も潤っているように見える。高木地区を経て渥美町に入り、旅館を探して宿泊する。立派な部屋で食事も大変美味しい。

残念ながら雨で景色を楽しむことはできなかったが、この伊良湖のあたりは海水浴場や国民休暇村、ゴルフ場などもあって賑やかである。この日も民宿には四十数名が宿泊しており、お願いすると、自宅で良ければという思いがけない返事をいただく。

風呂に入って足を伸ばし、玄関の応接間で休憩し、夕食をいただいた。その後は民宿を営む老夫妻と歓談し、床に就いて午前四時に起床する。

午前五時頃に出発し、田原町を過ぎて約二キロ先の国道一号線への合流を目指す。住民の方に道を教えていただき、二川駅の方が近いというのでそちらに向かうが、どうも納得できない。延々歩いても一向に一号線に出られず、夕刻になって暗くなってきた。

ようやく二川駅に到着し、東海道線で豊田駅に向かい、そこからは大阪まで新幹線の旅人となる。一年の休養を挟んで知多半島、渥美半島を歩いたことで思い残すこともなくなり、一三年間の歩みに完全に終止符を告げて、ついに日本一周を完遂したのである。

おわりに　世紀の定規――正しいバランスは〝六〇対四〇〟である

こうして五四歳から一三年の歳月を懸けて、北は北海道の稚内から南は沖縄まで日本全国津々浦々、日本をただ縦断するだけではなく、日本の沿岸を正しく一周した。

思い返せば晴天よりも圧倒的に雨の日が多く、前方が見えない豪雨の中を歩いたことも一度や二度ではない。また、地図を見れば分かるように、日本の地形は海岸沿いにほんの少し平地があるだけで、残りは山また山の難路である。できるだけ海岸沿いの国道を歩くようにしたが、時には山道を上ったり下りたり、何度も深夜に急峻な峠を越えた。

過酷な旅を続ける中で、私は幾度となく心の清らかな人々と出会うことができた。〝袖振り合うも多生の縁〟と言うように、見ず知らずの私に親切にしてくれた人が各地にたくさんいた。そうした日本人の優しさを再発見できたのもとても嬉しいことだった。

また、北海道ではヒグマ、沖縄ではハブと、狂暴な動物と遭遇する危険性もあり、恐怖との闘いでもあった。たった一人でこれら大自然の脅威と闘いながら一三年間、途中で諦めることなく歩き続けた。疲労と睡眠不足、足の痛み……時には歩けなくなって膝を使って歩こうとしたこともあれば、交通事故に遭遇してやむなく中止したこともある。

それらすべてが私に与えられた試練であると考え、度重なる試練に負けることなく歩き続ければ、いつか私の疑問に対する答えが見つかるだろうという一心で歩き続けた。

歩けば歩くほど精神が強くなり、気力が充実し、人間的にも成長する。そして、問い掛けに対する答えが得られる。それこそが〝体解〟である。自分の体で歩くことで大自然のエネルギーを体に吸収することができるのだ。

その結果、人は最大限に幸福を感じることができる。私は歩いて日本一周を成し遂げたことで、冒頭にも書いたように大事な次の三つを実現できたと思う。

一．〝楽〟より〝苦〟こそ自己の意識を高める

二．目的意識を持ち、行動が生き甲斐となる生き方をする

三．初志貫徹、何事にも不動心で対処する

正しいバランスこそ最高の知恵であり、そのバランスは六〇対四〇である。

考えてみれば、歩く際も苦楽で言えば苦が六〇と大きい方が良いのだ。なぜなら、大きな壁を乗り越えようとすると、心の底から力が湧いて来るからだ。辛い徹夜の歩行も、それが習慣となると精神も安定してくる。何事も目標を達成しようとして続けることで無限の可能性が生まれる。まさに〝体解〟によって得られた人生の答えである。

そして、何よりすべての事象を喜んで受け入れて生きることも大切だ。不満や嫉妬は自己を一番犠牲にすると理解しなければいけない。あらゆる苦悩の原因である我欲を捨てて〝虚心〟で生きる。大事なのは物事をすべて前向きに考え、感謝の心を忘れず、謙虚で愚痴をこぼさないことだ。そうすれば、輝かしい〝世紀の定規〟が実現できる。

大自然の教えを尊重して生きることが人類存続の道であり、この世の仕組みである。大事なものは〝本物〟であり、〝気〟であり、〝バランス〟である。

〝本物〟とは偽物でないことであり、裏がない、嘘を言って相手を騙さないことである。すると、この世は円満となり、無限の力が得られる。次に、生命とは〝気〟そのものである。宇宙、この世はすべて〝気〟の世界であり、〝気〟とは人間を動かすエネルギーである。人間はロマンがないと生きるエネルギーが湧いてこない。

最後にもう一度言うが、〝バランス〟とは五〇対五〇ではなく六〇対四〇である。

この世は上も下もなく、右も左も男も女も自然の姿が尊いのであり、大自然の姿はバランスによって安定する。男女問わず、社会全体でバランスを維持し、国会議員も公務員も不正行為は絶対に許されず、もし不正を犯した場合は厳罰に処されないといけない。我を棄てて大道を全うすることで地球人類の平和の構築が達成されるのである。

それが分かった以上、今までの悪い習慣は終幕にしないといけないし、世界中のリーダーは戦いの歴史を過去のものとし、一刻も早く武器を一掃しなければならない。

そして、これまで人類が築き上げた財産を永久に大切にし、不幸のない社会、平和な世の中を達成する——それが一三年懸けて日本一周を成し遂げた私の切なる願いである。

今後は世界中の人間が笑顔でいられることを願ってやまない。

最後に、日本一周を成し遂げた一三年間のみならず、長い人生で苦楽を共にし、常に私を支えてくれた妻に心よりの感謝を捧げたい。

【完】

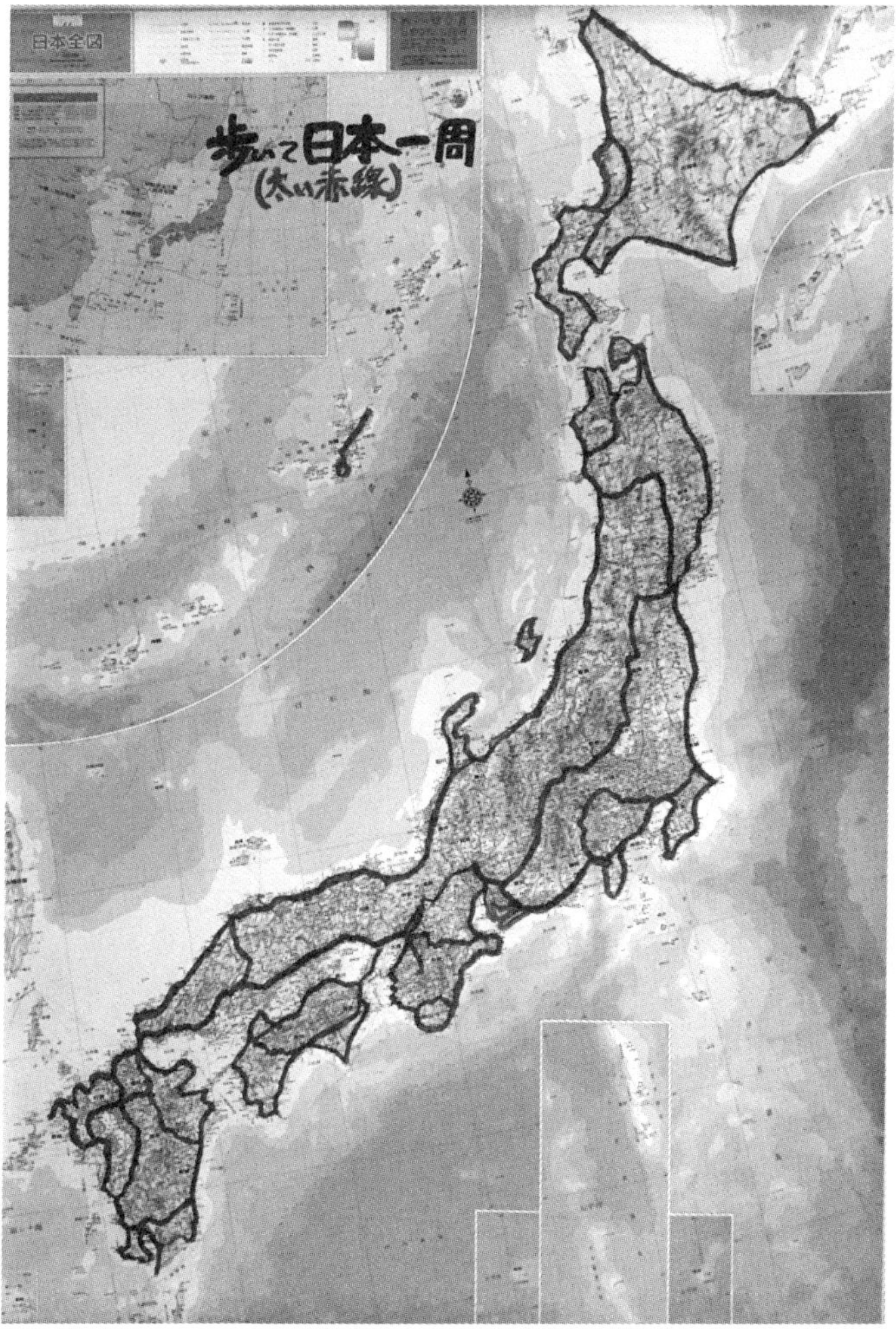

日本一周の道程。
太線部分が歩いたルートで、内陸部も歩いているため、
歩行距離は日本一周を軽く超えている

著者プロフィール
藤巻 仁司（ふじまき きみつぐ）
昭和４年（1929）１月29日、長野県北佐久郡伍賀村（現在の軽井沢町大字茂沢）に生まれる。伍賀村の尋常高等小学校を卒業し、家業の農業に従事する。長野県農業講習所（現在の農業大学校）を経て、昭和26年（1951）３月に上京し、稲垣商事で働き始める。その後、商売の極意を学ぶため大阪に移り、菊水堂で働き始める。昭和42年頃、万代百貨店のフランチャイズ「スーパーフジマン」を始める。スーパーフジマン閉店後は、丸菱産業の竹村彦善社長（後に会長）の顧問を務める。昭和58年（1983）に54歳の時より歩いて日本一周に挑戦し、平成６年（1994）に67歳で完歩する。

世紀の定規は六〇対四〇のバランスである
徒歩での日本一周の果てにたどり着いた真理

2023年２月15日　初版第１刷発行

著　者　藤巻 仁司
発行者　瓜谷 綱延
発行所　株式会社文芸社
〒160-0022　東京都新宿区新宿１－10－１
電話　03-5369-3060（代表）
03-5369-2299（販売）

印刷所　株式会社エーヴィスシステムズ

ISBN978-4-286-21933-2